MARIA RITA KEHL

O RESSENTIMENTO NO BRASIL

CADERNOS ULTRAMARES

ORGANIZAÇÃO E PROJETO GRÁFICO

Marcos Lacerda, Ana Paula Simonaci e Sergio Cohn

CONSELHO EDITORIAL

André Botelho

Bernardo Esteves

Boaventura de Souza Santos

Evelyn Goyannes Dill Orrico

Fréderic Vanderberghe

José Luis Garcia

Maria João Cantinho

Renato Rezende

Teresa Arijón

Vagner Amaro

ISBN 9786586962390

azougue press |
coordenação geral Sergio Cohn
coordenação editorial
Sergio Cohn — Darien Lamen — Cristián Jiménez Plaza
Brasil | CNPJ 12.272.339/0001-26
Portugal | Oca Editorial NF 515805394
USA | E. Id. 803650511
Chile | Tucán Ediciones RUT 77.369.106-1

A proposta dos Cadernos Ultramares é transpor fronteiras. Não apenas geográficas, com a edição de um amplo panorama do pensamento brasileiro para o público português, mas também entre as áreas do saber, criando uma coleção transdisciplinar, acessível não apenas para leitores especializado, pesquisadores e acadêmicos, como para interessados em geral.

Para isto, os Cadernos Ultramares privilegiam a leveza do ensaio, a "brigada ligeira", utilizando-se de um gênero marcado pela abertura e experimentação, uma forma privilegiada para a proposição e a apresentação de interpretações da cultura e da sociedade. Nos últimos anos, o gênero ensaio tem sido revalorizado como um importante meio de diálogo entre a pesquisa acadêmica e a sociedade.

O Brasil possui uma produção riquíssima de pensamento em diversas áreas, que vão da física à antropologia, da matemática às artes. Os Cadernos Ultramares, ao trazerem importantes textos de alguns dos nossos mais renomados pensadores, sejam clássicos ou contemporâneos, busca possibilitar ao leitor um olhar amplo e qualificado sobre essa produção.

Interessa-nos a constituição de um diálogo entre áreas, de uma conversa aberta que escape das armadilhas do pensamento especializado e do produtivismo acadêmico. Interessa, antes de tudo, a valorização do encontro do leitor com o sabor do texto, do prazer da leitura e da troca livre de pensamento.

apresentação

POR Marcos Lacerda

Maria Rita Kehl (1951) é uma das mais importantes psicanalistas brasileiras, com um trabalho crítico que envolve também a filosofia e a literatura, dentro de uma longa tradição de críticos da modernidade, na melhor linhagem da escrita ensaística. Em seus livros, ensaios e artigos, temas como a ética, a depressão, a mídia, a questão do feminino e o ressentimento são pensados numa perspectiva psicanalítica e enovelam literatura e reflexão filosófica. No livro *Sobre ética e psicanálise* (2002), por exemplo, à problemática da ética, que envolve várias áreas do pensamento, se associa a poesia de Baudelaire, Fernando Pessoa e Paul Celan, entre outros. No livro *Ressentimento* (2004), há capítulos inteiros que têm como base a literatura mundial, casos, por exemplo, do romance *O crime e o castigo* de Dostoiévski, ou dos brasileiros, como o *São Bernardo*, importante romance de Graciliano Ramos. Tudo associado a uma fina análise e a uma escrita, a um só tempo, sóbria e vivíssima.

Um dos seus livros, *O tempo e o cão* (2009) ganhou o prêmio Jabuti, um dos mais renomados prêmios de crítica no Brasil. Nele, ela analisa a questão da depressão como fenômeno psíquico e sintoma social, numa dimensão, a um só tempo, fenomênica e estrutural. Já em *Deslocamentos do feminino: a mulher freudiana na passagem para a modernidade* (1998), publicação que resulta da sua tese de doutorado, ela apresenta a condição e situação da mulher, do feminino e da feminilidade em relação à psicanálise, com apuro e complexidade.

Além dos livros mencionados, Maria Rita Kehl vem publicando artigos e ensaios. Neste último caso, cabe destacar os seus textos publicados para os ciclos de conferências e coletânea de textos de diversos autores nos livros organizados por Adauto Novaes desde a década de 80, que reúnem alguns dos mais importantes intelectuais brasileiros. Podemos destacar aqui os seguintes ensaios: "A psicanálise e o domínio das paixões" (*Os sentidos da paixão*, 1987), "Masculino/feminino: o olhar da sedução" (*O Olhar*, 1989), "A mulher e a lei" (*Ética*, 1992) e "As máquinas falantes" (*O homem-máquina*, 2003), entre outros possíveis.

Seu livro *Ressentimento* (2004), em grande medida, forma, junto com o estudo da depressão (O tempo e o cão, 2009) e a questão da ética (Sobre ética e psicanálise, 2002), uma triangulação interessante. Nos três casos, a dimensão psíquica e subjetiva acompanha –

claro que com variações e intensidades distintas – a dimensão política e social. E, além do mais, existe um ensaio neste livro, "O Ressentimento no Brasil", que traz a discussão para um diálogo com algumas das principais questões abordadas pelo pensamento social brasileiro, conversando com um segundo ensaio seu, "Tortura e sintoma social" (2010), publicado em um livro com uma série de textos de outros autores sobre a permanência dos efeitos da ditadura civil-militar de 1964 no Brasil (O que resta da ditadura, 2010). São estes dois ensaios, "Ressentimento no Brasil" e "Tortura e sintoma social", que foram selecionados para este volume da coleção Caderno Ultramares, ao lado do artigo "Bovarismo e a modernidade" de 2007, que confirma as principais teses destes artigos.

O primeiro tem como base o livro *O ressentimento*. Nele, a nossa autora faz uma apresentação ampla a respeito da questão do ressentimento como tema para a psicanálise, na sua dimensão associada ao psiquismo, à história e à política, através da filosofia de Nietzsche e Max Scheler, das obras de Freud, do importante livro de Alexis de Tocqueville (*A democracia na América*), com especial atenção para a relação entre o ressentimento, a modernidade, a democracia e a memória social. Neste último caso, é importante a reflexão a partir de Jeanne Marie Gagnebin, e a problemática da simbolização do trauma como um expediente coletivo, usando como o exemplo presos sobreviventes do campo de concentração, em especial o relato de Primo Levy.

A problemática do ressentimento, inicialmente associado ao campo do psiquismo, passa pela dimensão histórica, política e social e chega até a sociedade brasileira e ao pensamento social brasileiro, daí o título do ensaio: O ressentimento no Brasil. Neste caso, a autora levanta uma hipótese, tendo como base de reflexão e crítica alguns dos principais intérpretes do Brasil, entre eles Gilberto Freyre, Sérgio Buarque de Hollanda e Roberto Schwarz: a dimensão social do ressentimento no Brasil estaria associada à nossa incapacidade de nos tornarmos agentes sociais adultos e responsáveis, preferindo nos ancorar na submissão acovardada ao desejo dos mandos de autoridades variadas, especialmente aquelas associadas ao poder político. Esta "incapacidade" tem uma dimensão histórica e sociológica que se expressa nos trabalhos sobre o lugar impreciso, entre a prevalência do privado sobre o público, o arbítrio violento e o afeto carinhoso da dialética entre ordem e desordem no "homem cordial" em *Raízes do Brasil* (Sérgio Buarque de Hollanda); na ambivalência das relações de poder patriarcal na *Casa Grande e Senzala* (Gilberto Freyre) e, por fim, nos disparates da justaposição simultânea de ideias liberais e republicanas com uma estrutura social de base escravocrata, com as "Ideias fora do lugar" (Roberto Schwarz). O Ressentimento no Brasil, de certa forma, é um dos sintomas mais centrais desse jogo complexo de ambivalências, entre ordem e desordem, arbítrio tirano e compaixão, ideais de igualdade universal e base social crudelíssima, que marca a constituição da sociedade brasileira.

A submissão acovardada ao desejo do Outro implica na aceitação da condição de dependência como forma de escapar à responsabilidade como agente ativo, com medo do desamparo e, ao mesmo tempo, como desejo de recompensa por conta do sacrifício e da servidão voluntária, ou como o diz a autora: *"O ressentido deseja a ordem — por isso é compatível com o conservadorismo — contanto que possa beneficiar-se dela, nem que seja na condição de vítima"*. Ora, a figura social que mais se enquadra aqui é a do *favor*, da troca de conchavos e acordos baseados em relações pessoais, cuja forma de dominação mais clara é a que se dá entre subordinados que recebem pequenos agrados em troca da lealdade ao chefe, através de relações sempre à margem da lei formal e da ordem republicana. A prevalência de relações pessoais sobre as relações impessoais, da informalidade cínica à formalidade, do favor em lugar do igualitarismo abstrato da lei situa a sociedade brasileira numa condição entre a ordem e a desordem que favorece a apatia diante da participação política ativa como ator social autônomo. É dentro deste quadro que se funda, entre nós, o pacto de conciliação de classes como negação de qualquer forma de explicitação do conflito, ao lado de uma situação de identidade permanentemente indefinida – nem o Outro externo desejado como modelo (os países desenvolvidos), nem o Outro interno, como estereótipo dos símbolos de cultura e sociabilidade "para inglês ver", ou seja, para se adequar ao que o Outro externo supostamente espera ver.

Uma das maneiras mais recentes de realização do pacto de conciliação de classe, com sua respectiva negação da explicitação do conflito, é a que tem se dado em relação aos traumas associados às consequências da ditadura civil-militar de 64 e a recusa diante da necessidade de se fazer uma reparação concreta, aos moldes do que aconteceu em outras sociedades latino-americanas, como a Argentina, por exemplo. É neste sentido que podemos pensar no segundo ensaio, "Tortura e sintoma social", escrito, como já mencionado, para um livro com uma série de ensaios que tinha como objeto principal da reflexão as consequências sociais, políticas, jurídicas e culturais da Ditadura Civil-Militar de 64. Existiriam, ao menos, duas formas de a sociedade brasileira lidar com os eventos traumáticos associados ao regime militar, e com as formas de legitimação a ferro e fogo desses mesmos eventos. A primeira, mais próxima do ressentimento, é aquela que está associada a uma "revolta passiva", a uma "vingança adiada", à negação do enfrentamento real, por medo, covardia, pusilanimidade e, até mesmo, uma estranha e ambivalente cumplicidade, que pode ser compreendida dentro da lógica do gozo da repetição, embora passiva e resignada, da queixa e da acusação. A segunda, como revolta, ou seja, luta pelos direitos e aceitação do enfrentamento e do con-flito como necessários e inevitáveis, especialmente na condição de uma sociedade que passou por um even-to traumático.

A superação do trauma vem de um esforço coletivo de exigência de reparação e revolta ativas. A manuten-ção, ou melhor, o recalque do trauma, gera fantasma-gorias que o permitem retornar de diferentes manei-ras. No caso do Brasil, o esquecimento da violência traumática da ditadura civil-militar de 64 gera, como sintoma fantasmagórico, a resignação – em alguns casos, a celebração – da permanência de práticas de terrorismo e violência de Estado com regularidade espantosa, como no caso da prática da tortura em presos comuns. A revolta, ainda que dizimada e derrotada, como aconteceu com as movimentações da esquerda política e cultural do período, é uma forma digna de afirmação de si e de afirmação da coletividade. O ressentimento, pelo contrário, acaba celebrando um pacto com os seus próprios algozes e repetindo a lógica da conciliação que se desdobra infinitamente, deformando a memória coletiva e se esquivando do enfrentamento real do conflito.

O ressentimento no Brasil se desdobra, assim, em negação da explicitação do conflito e recalque dos eventos traumáticos da nossa modernização conservadora. Negação e recalque geram sintomas e fantasmagorias que se expressam no presente e fazem da sociedade brasileira uma das sociedades mais violentas do mundo, e uma das que menos respeitam valores e preceitos básicos dos direitos humanos. "Avançamos" na exploração capitalista moderna aos trancos e barrancos, com democracia institucional de fachada e momentos contínuos de regime de exceção como o golpe militar de 64, na mesma medida em que regredimos na construção de formas de convivência social, igualdade de condições e um horizonte aberto de emancipação política, social e cultural.

O RESSENTI-MENTO NO BRASIL

A manchete de ontem, 'País precisa de 46 anos para atingir níveis de 1o. Mundo', deixou-me acabrunhado. Basta imaginar em que nível estarão os países de 1o. Mundo daqui a 46 anos.
(carta de leitor da *Folha de S. Paulo* de 1/9/2004)

Os brasileiros, em geral, não se consideram ressentidos. De fato, o imperativo da alegria, somado à existência de uma tradição genuína de grandes festividades populares em nossa cultura, favorecem o esquecimento dos agravos, e não a rememoração ressentida dos erros e sofrimentos passados. Somos uma nação voltada para o futuro, um país "pra frente". Mas o ressentimento não deixa de estar presente entre nós, disfarçado em formações de linguagem irônicas, cínicas ou queixosas, que se parecem – mas não são – com uma crítica progressista em relação a nossas falhas históricas e nossas insuficiências sociais. Falhas que não são interpretadas como *dívidas* (para com o passado), passíveis de se pagar através da ação presente. Ao contrário, concebemos nossos problemas sociais como insuficiências que nos parecem sempre injustas, de responsabilidade de um outro, de alguém que teria o poder de remediar nossas mazelas, mas não o fez.

O ressentimento na sociedade brasileira está enraizado em nossa dificuldade em nos reconhecermos como agentes da vida social, sujeitos da nossa história, responsáveis coletivamente pela resolução dos problemas que nos afligem. Suas raízes remontam à tradição paternalista e cordial de mando, que mantém os subordinados em uma relação de dependência filial e servil em relação às autoridades políticas ou patronais, na expectativa de se ver reconhecidos e premiados o bom comportamento e a docilidade de classe.

Tomemos, como exemplo do ressentimento camuflado na sociedade brasileira, a rapidez com que grande parte da população pareceu esquecer, ou perdoar, os crimes da ditadura militar, como se estes houvessem atingido apenas uma pequena parcela de militantes de esquerda, de jovens "radicais" que não representavam os interesses da maioria. O professor e filósofo Paulo Arantes, ao referir-se ao corte que o golpe de 1964 efetuou sobre a ordem democrática na sociedade brasileira, cita Paul Virilio, que classificou as ditaduras latinoamericanas daquele período como "um laboratório onde se gestava um novo tipo de sociedade, a 'sociedade do desaparecimento'".[1] Depois da anistia, a ausência de um processo judicial que condenasse os autores dos crimes cometidos sob a salvaguarda do Estado brasileiro contribuiu para que ainda hoje uma parte da sociedade viva sob uma espécie de regime de exceção, onde abusos policiais contra os cidadãos são tolerados e rapidamente "esquecidos". Em outro artigo da mesma coletânea, Vladimir Safatle comenta a existência de um "desejo de desaparecimento" que perdura ainda hoje, ao comparar o Brasil com a Argentina e o Chile, países que julgaram e puniram seus torturadores. "Neste sentido, o único país que realizou de maneira bem-sucedida as palavras dos carrascos nazistas foi o Brasil: o país que realizou a profecia mais monstruosa e espúria de todas. *A profecia da violência sem trauma*[2]".

1 Arantes, Paulo. "1964, o ano que não terminou" in: SAFATLE, Vladimir e TELES, Edson. *O que resta da ditadura*. Editora Boitempo. São Paulo, 2010
2 Safatle, Vladimir. "Do uso da violência contra o Estado ilegal". in: SAFATLE, Vladimir e TELES, Edson. *O que resta da ditadura*. Editora Boitempo. São Paulo, 2010

Os acontecimentos traumáticos vividos por um grupo minoritário não podem ser excluídos da experiência coletiva da sociedade onde este grupo se insere. No Brasil da década de 1990, os filhos e parentes de desaparecidos políticos do período da ditadura militar promoveram encontros, debates e atos públicos que visavam tirar do esquecimento o assassinato de seus entes queridos e devolvê-los à memória da sociedade da qual foram banidos por força da repressão. Tais eventos rememorativos, em que se fez escutar a voz de antigos militantes presos e torturados, dos filhos e companheiros(as) de jovens assassinados, são essenciais para o amadurecimento político da sociedade civil brasileira. Não devem ser confundidos com políticas do ressentimento, como algumas análises conservadoras fazem parecer: seriam políticas de reparação, fundamentais para que a mágoa e a indignação não se transformem em ressentimento. Volto a Safatle, que faz lembrar ao leitor que "os jovens que entraram na luta armada [ao contrário do que apregoam seus torturadores] aplicaram o direito mais elementar: o direito de levantar armas contra um estado ilegal, fundado por meio da usurpação pura e simples do poder graças a um golpe de Estado e ao uso sistemático da violência estatal". O Brasil, lembra o autor, é o único país do mundo em que (ainda) vale o argumento de que os militantes que pegaram em armas contra a ditadura *pretendiam* implantar aqui uma ditadura estalinista, portanto mereciam ter sido assassinados. "Não haverá perdão enquanto não houver reconhecimento do crime", conclui Safatle. Seu argumento nos ajuda a diferenciar com clareza o clamor por justiça, que pode e deve persistir pelo tempo que for necessário, da queixa reiterada do ressentimento.

No Brasil, nosso compromisso com a alegria, a festa, a irresponsabilidade, nos faz rejeitar a memória e abandonar os projetos de reparação de injustiças passadas. Distantes das condições sociais dos países do chamado Primeiro Mundo idealizado e invejado, contentamo-nos em ser reconhecidos internacionalmente a partir da imagem de povo alegre, despreocupado e sensual que o colonizador fez de nós, desde a Carta de Caminha. Tal compromisso nos impede de levar a reparação das injustiças às últimas consequências. Temos pressa em "perdoar" os inimigos, com medo de parecer ressentidos – mas o ressentimento, afeto que não ousa dizer seu nome, se esconde justamente nas formações reativas do esquecimento apressado, tão característico da sociedade brasileira.

A recusa da memória e do desagravo – a negação do ressentimento – não é igual ao perdão. Não se pode dizer que a sociedade brasileira tenha *perdoado* os militares por seus abusos, seus crimes, por vinte anos de atraso no desenvolvimento da democracia. Nada foi perdoado porque nada foi levado às últimas consequências, nenhum ex-ditador foi julgado, ninguém precisou pedir perdão. Ao contrário do que fizeram os argentinos – devemos considerar as *madres de la Plaza de Mayo* ressentidas? – a sociedade brasileira costuma "deixar barato" o resgate das grandes injustiças de sua história para não manchar sua reputação de "último povo feliz" do planeta. Mas que preço caro pagamos por essa felicidade para inglês ver!

A alienação ao (suposto) desejo do Outro – não mais o colonizador, mas os atuais representantes do mundo desenvolvido – faz com que não nos apoderemos da nossa história como sujeitos. Não passamos nada a limpo, não elaboramos nossos traumas nem valorizamos nossas conquistas. Por isso mesmo nós, brasileiros, não nos reconhecemos no discurso que produzimos e sim naquele que o estrangeiro produz sobre nós. Por essa mesma razão, estamos sempre em dívida para com uma identidade perdida. Quem somos nós, brasileiros? Quais são os significantes que nos identificam perante nós mesmos? É o que observa Stella Bresciani[3], ao se perguntar por que a busca

3 Bresciani, Stella. "Identidades inconclusas no Brasil do século

de identidade, na sociedade brasileira, nunca cessa. No Brasil, a construção de uma identidade – ou, o que seria mais rico, o traçado legítimo do campo de múltiplas identificações que caracteriza nossa sociedade – se perde na demanda de reconhecimento de nosso valor por parte das nações mais poderosas. A busca de reconhecimento reproduz a submissão diante do mais forte, submissão que é condição do nosso ressentimento, nosso "complexo de inferioridade" nacional. A crítica aparentemente engajada de nossos males sociais disfarça com frequência o conformismo de grande parte dos brasileiros, que se limitam a lamentar nosso atraso e a distância que separa nossa realidade social da de países europeus ou dos Estados Unidos.

O que é que o brasileiro não enxerga em sua cultura, ou no conjunto de suas subculturas, a ponto de ter que pedir a um outro que o reconheça? Por que razão os pontos de inflexão mais marcantes de nossa história, assim como a riqueza de nossa produção cultural, não são suficientes para nos representar diante de nós mesmos? Autores que pensaram o Brasil no século XX, como Gilberto Freyre, e, na mesma linha,

XX — fundamentos de um lugar comum". In: Bresciani, S. e Naxara, *Memória e res(sentimento) - indagações sobre uma questão sensível.* São Paulo: Editora Unicamp, 2004, pp. 403-29.

Darcy Ribeiro, consideram que o sentimento de uma identidade nacional desapareceu justamente com o final do período colonial, com o esforço de branqueamento e europeização da cultura local, como tentativas do Brasil se tornar uma sociedade burguesa.

Nosso "avanço" na direção da modernidade teria nos custado o preço do apagamento da origem – o desprezo pelas "raças escuras" do negro e do índio, a desvalorização do português bronco (vindo de um país já em decadência); a eleição do modelo francês (na cultura) e inglês (na gestão do capitalismo) como ideais[4].

Com isso, os brasileiros representam a si mesmo como órfãos de pai: não prezamos os antepassados portugueses, não reconhecemos grandes heróis entre os fundadores da nação, não levamos muito a sério nossos símbolos pátrios. O que poderia ser condição de grande liberdade, se não nos ressentíssemos com isso e não buscássemos sempre, na política, nas práticas religiosas, na cultura de massas, recuperar figuras do pai autoritário e protetor. Nossa suposta orfan-

---

4 A permanência de um modelo econômico arcaico, permeado de restos e vícios escravagistas, combinada ao aburguesamento dos costumes e a identificação com modelos europeus, foi analisada por Roberto Schwarz no famoso ensaio "Ideias fora do lugar", de 1976.

dade simbólica não produziu uma sociedade emancipada em relação à autoridade paterna, mas uma permanente submissão à autoridade de governantes paternalistas *reais*, abusados, violentos como o pai da horda primitiva do mito freudiano.

Cordialidade e ressentimento

> A democracia no Brasil sempre foi um lamentável mal-entendido. Uma aristocracia rural e semifeudal importou-a e tratou de acomodá-la, onde fosse possível, a seus direitos ou privilégios – os mesmos privilégios que tinham sido, no Velho Mundo, o alvo da luta da burguesia contra os aristocratas[5].

É que, da herança colonial brasileira, não basta reconhecer a dívida simbólica para com as raças renegadas, do negro e do índio. É preciso dar continuidade à reflexão crítica, iniciada por Sérgio Buarque de Holanda, sobre a herança do autoritarismo cordial que nos deixou o colonizador português. O Brasil colonial foi uma sociedade agrária

5 Holanda, Sérgio Buarque de. *Raízes do Brasil* [1936]. São Paulo: Companhia das Letras, 1998, p. 160.

dirigida de acordo com os interesses particulares dos primeiros proprietários, que concentravam sob seu poder grandes extensões de terra. Cada propriedade funcionava, fechada sob si mesma, como uma república privada cujo senhor fazia as próprias leis e as aplicava, com mão de ferro, sobre seus familiares e subordinados.

> *Nos domínios rurais é o tipo de família organizada segundo as normas clássicas do velho direito romano-canônico, mantidas na península Ibérica através de inúmeras gerações, que prevalece como base e centro de toda a organização. Os escravos das plantações e das casas, e não somente os escravos, como os agregados, dilatam o círculo familiar e, com ele, a autoridade imensa do pater familias[6].*

Ao contrário do que ocorreu nos países da América espanhola, ou na América do Norte, no Brasil as elites privilegiavam a vida no isolamento das fazendas em detrimento das cidades. Estas, até o século XIX (com a notável exceção do Recife sob a dominação holandesa) não chegaram a constituir o que chamamos de

6 Ibidem, p. 81.

um espaço público. Eram logradouros de passagem, habitados por algumas categorias de trabalhadores braçais, por pobres sem trabalho, por pequenos comerciantes que pouco tinham a oferecer, já que as fazendas produziam o necessário para o próprio sustento. Tivemos aqui, pelo menos até a vinda da família real portuguesa, em 1808, não uma civilização agrícola, no entender de Sérgio Buarque de Holanda, mas uma civilização rural, composta de verdadeiros feudos que não reconheciam subordinação a nenhum poder central.

Sempre imerso em si mesmo, não tolerando nenhuma pressão de fora, o grupo familiar mantém-se imune de qualquer restrição ou abalo. Em seu recatado isolamento pode desprezar qualquer princípio superior que procure perturba-lo ou oprimi-lo. Nesse ambiente, o pátrio poder é virtualmente ilimitado e poucos freios existem para sua tirania. (...) A entidade privada precede sempre, neles, a entidade pública[7].

Depois da independência e com a queda da monarquia, Sérgio Buarque de Holanda refere-se à improvisação de uma burguesia urbana, o que não impediu que a "mentalidade de casa-grande" tenha

7 Ibidem, pp. 81-82.

invadido as cidades e organizado as relações entre as classes, inclusive nas profissões mais humildes[8].

O predomínio dos interesses privados sobre os interesses públicos, da moral familiar sobre as leis da *polis*, dos valores afetivos sobre a impessoalidade das regras de cortesia, formaram no Brasil uma concepção de Estado avessa ao que a modernidade instituiu, como: "*triunfo do geral sobre o particular, do intelectual sobre o material, do abstrato sobre o corpóreo (...) A ordem familiar, em sua forma pura, é abolida por uma transcendência[9]*".

Esta forma de convívio social, regida por tendências sensuais, rompantes emocionais e preferências afetivas, é o oposto da civilidade. É disso que se trata a famosa cordialidade brasileira, segundo a expressão de Ribeiro Couto consagrada pela obra de Sérgio Buarque.

Pois bem: por paradoxal que pareça, o homem cordial é indissociável da modalidade brasileira do homem do ressentimento. É por não aceitar o desamparo *necessário* em que a impessoalidade da lei lança o cidadão, tornado por força dessa impessoalidade o responsável pela construção e seu destino, individual

8 Ibidem, p. 87.
9 Ibidem, p. 141.

e coletivo; é por esperar das autoridades públicas
a satisfação de demandas de amor e a prática de
uma justiça baseada em preferências afetivas; é por
representar-se, diante do Outro (que na vida adulta, é
indissociável das instâncias de poder) como a criança
diante de pais protetores e amorosos, que a sociedade
brasileira abre mão, com tanta freqüência, da tarefa
construir uma ordem republicana, moderna, adulta.

Do ponto de vista das elites, a cordialidade é du-
plamente vantajosa: ao obscurecer a impessoalidade
da lei, mascara uma série de abusos sob o véu do favoritismo e do mérito obtido em nome de preferências
afetivas. Além disso, o exercício descarado desse mesmo favoritismo **domestica** as classes subordinadas,
que preferem esperar por sua vez na fila dos benefícios do que se insurgirem em busca de seus direitos.

Do ponto de vista dos dominados, o estilo cordial
de dominação enfraquece o impulso que deveria conduzir ao exercício permanente da emancipação. No
Brasil, é frequente que o próprio cumprimento da lei e
dos direitos venha mascarado sob a aparência de um
favor especial. Ser prontamente atendido em uma re-
partição pública, conseguir uma vaga nos serviços de
saúde, receber uma indenização por causa justa, tudo
parece, aos olhos dos pobres que não conhecem seus
direitos, obra de favor consentido por uma autorida-

de benevolente. O homem cordial prefere gozar dos benefícios secundários de sua posição de explorado, mas explorado com jeitinho, do que arriscar a perda destes falsos "privilégios" por descontentar um patrão ou uma autoridade paternalista.

Ainda hoje a sociedade aceita, confusamente, este modelo de governante originado na tradição rural, em que a autoridade política não age como representante dos interesses da maioria, mas como pai de família autoritário ou protetor. A **dominação cordial** infantiliza e apassiva a sociedade, impedindo sua emancipação através do pleno florescimento das instituições republicanas. A mentalidade de casa grande ainda está presente nas relações de dominação e exploração, em muitos setores da sociedade brasileira.

O ressentimento social, no Brasil, é a expressão da frustração generalizada diante do fracasso dessa delegação infantil de poder. É fruto da covardia – não propriamente moral, mas política – que nos leva a recuar da tensão inevitável que perpassa as relações entre as classes, em troca do gozo propiciado pelo modo sensual de exploração dos corpos e aliciamento das consciências.

Neste caso, chamar estas relações de *atrasadas* não representa um ressentimento em relação às vantagens do Primeiro Mundo, ao qual nos submetemos cheios de inveja e admiração; a constatação de nosso atraso é um meio de medir a distância que ainda nos separa de algumas conquistas elementares da modernidade, que em muitos países já vigoram há mais de um século.

A recuperação da consciência da origem de nosso atraso, que naturaliza relações sociais historicamente produzidas, não é igual à ruminação característica das patologias da memória, no ressentimento. É trabalho contra a repetição produzida pelo recalque. O recalcamento da origem não tem somente o efeito de diminuir nossa auto-estima, pela falta de um sentimento forte de identidade nacional. Ele permite a perpetuação inconsciente de nossas mazelas. Reconhecer a origem também é condição para se efetuar qualquer mudança de rumo na história de um país. Só o reconhecimento da história pode evitar que estejamos condenados a repeti-la. Hanna Arendt, em sua reflexão sobre a importância emancipadora de se conhecer a tradição, recorre à expressão de Tocqueville: se o passado deixar de lançar sua luz sobre o futuro, estaremos condenados a vagar em meio às trevas[10].

10 Alexis de Tocqueville, no capítulo final de A democracia na América: "A partir do momento em que o passado cessou de lançar sua luz sobre o futuro, a mente do homem vagueia na obscuridade".

O poder do pai ou a assembleia dos irmãos

É que não falta pai, tradição, filiação à sociedade brasileira; falta o reconhecimento dessa filiação apagada, da origem rejeitada em nome da identificação com um Outro idealizado e alheio à nossa história. Falta o reconhecimento de nossa herança política e cultural – necessário, mas não suficiente para a emancipação da sociedade brasileira.

Mas nenhum *nome do pai* se sustenta por si só, pela transmissão vertical da herança e da tradição. São os filhos que, eliminando o pai tirano para emergir como sujeitos, instituem a representação simbólica do pai, sustentáculo da Lei que possibilita a convivência em nome de um bem comum. O que falta à sociedade brasileira não é mais um **patriarca**, colocado em posição de autoridade, de senhor de engenho ou de líder messiânico, mas o reconhecimento da ação republicana por parte das formações horizontais, que chamaria, metaforicamente, de fraternas[11]. Se o ressentimento é um dos sintomas do que falha no projeto igualitário das democracias modernas, sua cura não se dá através do apelo à benemerência do Estado (pai), mas do fortalecimento dos laços horizontais

11 Trabalhei melhor essa proposta no texto "A fratria órfã". In: Kehl, Maria. R. (org.) *Função fraterna*. Rio de Janeiro: Relume-Dumará, 2000.

entre os cidadãos (irmãos), para fazer do país não apenas uma democracia mas, principalmente, uma república. O que faltou ao Brasil republicano não foi um pai/fundador cuja imagem pudesse sustentar nossa auto-estima, mas a criação de mecanismos de incorporação de *todas as classes sociais* à vida da recém proclamada República. Heloísa Starling enfatiza a contrapartida imaginária desse projeto político precário:

> *"...faltou formar o fundamento republicano do povo, vale dizer, faltou reconhecer, na população de brasileiros, a existência de homens unidos pela lei e capazes de compartilhar de uma certa imaginação que lhes permita transpor os limites da vida particular e doméstica e representar, como comuns, determinados sentimentos, valores, princípios e normas para a construção de um destino próprio*[12]*".*

O republicanismo falhado a que se refere Starling reflete-se também nos produtos da **"imaginação"**, as obras literárias e artísticas que representam a socie-

<hr>

12 Starling, Heloísa M. "A República e o subúrbio — imaginação literária e republicanismo no Brasil". In: Cardoso, op. cit., p. 179.

dade diante de si mesma. Neste sentido a proposta de consolidação de nossa identidade cultural pelo resgate da herança colonial, proposto por Freyre e Darcy, não dá conta de todo o recado. Por um lado, já não mais é suficiente para constituir o campo identificatório capaz de representar o Brasil contemporâneo diante de si mesmo. Bem ou mal, o Brasil se transformou, de colônia escravagista em democracia capitalista. **Democracia** desigual, mas ainda assim moderna, sempre em dívida com um ideal primeiro mundista que, na dinâmica do cenário internacional, está evidentemente fora do nosso alcance. É esta nação modernizada de maneira desigual que carece de um sentimento de identidade. O fracasso do projeto emancipatório da sociedade brasileira e a ênfase do econômico sobre o político, que nos mantêm atados às condições do mercado financeiro internacional e impedem a criação de alternativas nacionais, dificultam ainda mais o reconhecimento, pelos brasileiros, do que caracteriza o seu país. A pergunta: "que país é este"[13]? retorna sempre, nos discursos da oposição, nas manchetes de jornais, nas conversas de botequim. Quem somos nós se não somos o Outro, o estrangeiro com quem gostaríamos de nos identificar?

13 De autoria de Francelino Pereira.

"Este país não é sério", diz a resposta do ressentimento, repetindo mais uma vez o comentário do Outro[14]. Somos a escória, o lixo, um projeto falhado. Perdemos o bonde do desenvolvimento e vivemos correndo atrás do prejuízo. Se a resposta ressentida repete o suposto olhar de desprezo do Outro sobre nossas mazelas, a **negação** do ressentimento busca valorizar o Brasil pela submissão ao que o estrangeiro espera de nós. O resgate da herança colonial proposto por Gilberto Freire representa uma solução regressiva que não enfrenta as reais condições do problema. Hoje a sociedade brasileira, orquestrada pela televisão, parece se reconhecer exatamente no estereótipo formado a partir da herança negra e indígena que se traduz na fantasia do país do carnaval, da batucada, das mulatas e da "macumba-para-turistas", no dizer de Nelson Rodrigues, que nos identifica aos olhos do estrangeiro.

Ou nos queixamos de falta de reconhecimento e vivemos sempre em dívida com um "primeiro mundo" que nunca alcançaremos, ou nos instalamos em uma "identidade nacional" reconhecida aos olhos do Outro, reduzindo nossa diversidade cultural ao triângulo samba-sexo-futebol e novamente nos res-

14 O general francês Charles De Gaulle.

sentimos do fato de que esta suposta identidade se ancora sobre os prolongamentos da servidão do índio e do escravo em relação às exigências e caprichos do homem branco. Neste sentido, as propostas da antropofagia e, quarenta anos mais tarde, da tropicália, representaram tentativas bem-humoradas e ousadas de superação do ressentimento pela incorporação da origem, sem se alinhar à apologia do atraso. Se a rica diversidade cultural brasileira não favorece nenhuma proposta de síntese, antropofagia e tropicália procuraram alcançar, pela via da sátira (que na origem remete à ideia de *saturação*) o painel das nossas contradições.

Na política, a tradição de dominação paternalista-populista pela qual tentamos suprir a falta de um pai ideal, também favorece as condições do ressentimento. Até o momento em que escrevo, parece que a sociedade brasileira não superou o desejo de servidão (e proteção) que nos faz transformar cada novo líder político, de porta voz dos anseios e reivindicações emergentes, em novo pai dos pobres. Tal dependência infantil funciona como autorização para que os governantes perpetuem o estilo de dominação cordial que nos é familiar. É como se a tradição republicana, que já tem quase três séculos na Europa e nas Américas, nunca terminasse de se enraizar por aqui; como se a sociedade brasileira nunca tivesse compreendido seu papel de agente das transformações que ela própria demanda que lhe sejam concedidas, não como conquistas legítimas, mas como provas de amor paternal por parte do Estado autoritário, cujos governantes com frequência se apresentam como figuras familiares, afetivas, protetoras – ou irascíveis, quando os ventos sopram contra. A tradição do homem cordial que atravessa nossa vida política desmoraliza as instituições democráticas e gera ressentimento na sociedade. Esta oscila entre a espera passiva pelo cumprimento das promessas do "pai" bondoso, e sua contrapartida, a desilusão e a queixa estéril.

Ora, a origem do ressentimento reside justamente no apartamento entre os sujeitos e sua potência de agir. Nesses termos, a decepção com as promessas não cumpridas não predispõe à ação; ela produz um exército de queixosos passivos, prontos a se (re)alinhar ao que existe de pior entre os conservadores, como forma de reação amarga e estéril, carregada de desejos de vingança.

O ressentimento é o avesso da política. Ele é o fruto da combinação entre promessas não cumpridas e a passividade que elas promovem. Os ressentidos, na política, são aqueles que abriram mão de sua condição de agentes da transformação social para esperar por direitos e benesses garantidos por antecipação. Dessa forma, o ressentimento é agravado pelo paternalismo, caso em que o direito à igualdade de oportunidades associa-se, não às conquistas das lutas populares e sim à boa vontade de um governante amoroso. Por isso o ressentimento não é, como pode parecer, o primeiro passo para uma efetiva virada no jogo do poder. A passividade da posição ressentida não permite que as pessoas se percebam como agentes do jogo de forças que determina suas vidas. O ressentimento é o terreno dos afetos reativos, da vingança imaginária e adiada, da memória que só serve à manutenção de uma queixa repetitiva e estéril.

Se o ressentimento é o avesso da política, só pode ser curado pela retomada do sentido radical da ação política. O ato político implica sempre um risco de desestabilizar a ordem. Ao contrário da resignação ressentida, da revolta submissa do ressentimento, ele nasce de uma aposta na possibilidade de se modificar as condições estruturais presentes em sua origem.

TORTURA E SINTOMA SOCIAL

Em um livro escrito em 2004, eu me referi ao ressentimento como um dos sintomas mais representativos da relação ambivalente da sociedade brasileira com os poderes que, em tese, deveriam representar e defender interesses coletivos. Fruto dos abusos históricos que aparentemente "perdoamos" sem exigir que opressores e agressores pedissem perdão e reparasse os danos causados, o ressentimento instalou-se na sociedade brasileira como forma de "revolta passiva" (Bourdieu) ou "vingança adiada" (Nietzsche), a sinalizar uma covarde cumplicidade dos ofendidos e oprimidos com seus ofensores/ opressores. A mágoa "irreparável" do ressentido indica que ele sabe, mas não quer saber, que aceitou se colocar em uma condição passiva diante dos abusos do mais forte; por covardia, por cálculo ("mais tarde ele há de reconhecer e premiar meu sacrifício") ou por impotência auto-imposta, o ressentido acaba por se revelar cúmplice do agravo que o vitimou.

É importante ressaltar, entretanto, que o ressentimento não abate aqueles que foram derrotados na luta e no enfrentamento com o opressor, e sim os que recuaram sem lutar e perdoaram sem exigir reparação. O expediente corriqueiro – por má fé ou mal entendido? – de chamar de "ressentidos" aqueles que não desistiram de lutar por seus direitos e pela reparação de injustiças sofridas não passa de uma forma de desqualificar a luta política em nome de uma paz social imposta de cima para baixo. Nossa tradicional cordialidade, no sentido que Sérgio Buarque de Hollanda tomou emprestado de Ribeiro Couto, obscurece a luta de classes e desvirtua a gravidade dos conflitos desde o período colonial.

No que toca à relação do ressentimento com o tema deste simpósio, vale lembrar que, no final da década de 1970, o Brasil foi o único país da América Latina que "perdoou" os militares sem exigir de parte deles nem reconhecimento dos crimes cometidos nem pedido de perdão. Não me proponho aqui a discutir as condições da anistia "ampla, geral e irrestrita" articulada pelos militares antes de deixar o poder – deixo essa tarefa para palestrantes mais competentes no assunto. Mas me espanta que na atualidade, quando o Ministro Tarso Genro e o Secretário de Direitos Humanos Paulo Vannucchi propõem a reabertura do debate sobre a tortura no período militar, o engajamento da sociedade no debate me pareça tíbio – sobretudo em comparação com a violenta reação de alguns setores militares.

O "esquecimento" da tortura produz, a meu ver, a naturalização da violência como grave sintoma social, no Brasil. Soube pelo professor Paulo Arantes, aqui presente, que a polícia brasileira é a única na América Latina que comete mais assassinatos e crimes de tortura na atualidade do que durante o período da ditadura militar. A impunidade não produz apenas a repetição da barbárie: tende a provocar uma sinistra escalada de práticas abusivas por parte dos poderes públicos que deveriam proteger os cidadãos e garantir a paz.

Para a psicanálise, o esquecimento que produz sintoma não é da mesma ordem de uma perda circunstancial da memória pré-consciente: é da ordem do recalque. Somos então obrigados a nos indagar se é possível se falar em um *inconsciente social* cujas representações recalcadas produzem manifestações sintomáticas.

A ideia de sintoma social é controversa na psicanálise. A sociedade não pode ser analisada do mesmo modo que um sujeito; por outro lado, o sintoma social não tem outra expressão senão aquela dos sujeitos que sofrem e manifestam, singularmente ou em grupo, os efeitos do desconhecimento da causa de seu sofrimento. O sintoma social se manifesta através de práticas e discursos que se automatizam, independentes das estruturas psíquicas singulares de cada um de seus agentes. Assim como ocorre quando o sintoma individual se cronifica sem tratamento, também o sintoma social tende a se agravar com o passar do tempo.

É possível afirmar que todo agrupamento social padece, de alguma forma, dos efeitos de sua própria inconsciência. São "inconscientes", em uma sociedade, tanto as passagens de sua história relegadas ao esquecimento – por efeito de proibições explícitas ou de jogos de conveniência não declarados – quanto as demandas silenciadas de minorias cujos anseios não encontram meios de se expressar. Excluído das possibilidades de simbolização, o mal estar silenciado acaba por se manifestar *em atos* que devem ser decifrados, de maneira análoga aos sintomas dos que buscam a clínica psicanalítica. Mas mesmo os sintomas relatados, um a um, nos consultórios dos psicanalistas, são muito menos individuais do que se pode supor. Lacan, em "Função e campo da palavra..." escreve que a originalidade do método psicanalítico está em abordar não o indivíduo, mas o "campo da *realidade transindividual do sujeito*" (...) "O inconsciente é aquela parte do discurso concreto enquanto transindividual que não está à disposição do sujeito para restabelecer a continuidade de seu discurso consciente[1]."

Por que as formações do inconsciente ultrapassam a experiência dita individual do sujeito? Porque o sujeito não é um indivíduo, no sentido radical da palavra; é dividido desde sua origem, a partir de seu pertencimento a um campo simbólico cuja sustentação é necessariamente coletiva. As formações do inconsciente, como fenômenos de linguagem, são tributárias da estrutura deste órgão coletivo, público e simbólico que é a língua em suas diferentes formas de uso. "Na perspectiva analítica", escreve Marie-Hélène Brousse[2], "a oposição individual/coletivo não é válida, e o desejo que o sujeito visa a decifrar é sempre o desejo do Outro". No *Seminário 14* (*A lógica do fantasma*), Lacan radicalizou esta relação ao propor a fórmula "o inconsciente é a política[3]".

---

1 Jaques Lacan, "Função e campo da palavra e da linguagem em psicanálise" (1953) em: *Escritos vol.1*. Madri/México, Siglo Veintiuno, 1994, tradução de Tomás Segovia, pp.227-310, à p. 248.
2 Marie Hélène Brousse, *O inconsciente é a política*. Seminário Internacional da Escola Brasileira de Psicanálise – SP, 2003. Conferência 1, "O analista e o político", p. 17.
3 Jacques Lacan, *O seminário n.14, A lógica do fantasma*.

Toda "realidade" (social) produz, automaticamente, uma espécie de "universo paralelo": o acervo de experiências não incluídas nas práticas falantes. Experiências *loucas*, desviantes, proscritas ou simplesmente doentias. Pois mesmo aquilo que temos de mais singular, o modo de cada um padecer e adoecer, nem sempre pertence exclusivamente a nós. Por vezes a doença, sobretudo a chamada doença mental, não passa de um fragmento do Real, um pedaço excluído da cultura – e o doente é seu "cavalo", como se diz no candomblé. O doente é o lugar (social) onde a doença encontrou uma brecha para se manifestar. Nietzsche acertou ao afirmar que a doença institui um ponto de vista privilegiado sobre a realidade.

Neste "universo paralelo" das experiências não compartilhadas pela coletividade, experiências excluídas das práticas falantes e (conseqüentemente) da memória, vivem também, pelo menos parcialmente, os que tiveram seus corpos torturados nos subterrâneos da ordem simbólica ou sofreram a perda de amigos e parentes desaparecidos, vítimas de assassinatos nunca reconhecidos como tais por agentes de regimes autoritários. No Brasil, os opositores do regime militar que sobreviveram à tortura, embora circulem normalmente entre nós, vivem em um universo à parte não apenas em função radicalidade da dor e da despersonalização que experimentaram, mas também porque as práticas infames dos torturadores nunca foram reconhecidas e reparadas publicamente. A sensação de *irrealidade* que acomete aqueles que passaram por formas extremas de sofrimento – como no caso dos egressos de campos de concentração – fica então como que *confirmada* pela indiferença dos que se recusam a testemunhar o trauma.

Sabemos que nem tudo, do Real, pode ser dito; o que a linguagem diz define, necessariamente, um resto que ela deixa de dizer. O recorte que a linguagem opera sobre o Real, pela própria definição de *recorte*, deixa um resto – resto de gozo, resto de pulsão – sempre por simbolizar. Nisto consiste o caráter irredutível do que a psicanálise chama de pulsão de morte. Não há reação mais nefasta diante de um trauma social do que a política do silêncio e do esquecimento, que empurra para fora dos limites da simbolização as piores passagens da história de uma sociedade. Se o trauma, por sua própria definição de Real não simbolizado, produz efeitos sintomáticos de repetição, as tentativas de esquecer os eventos traumáticos coletivos resultam em sintoma social. Quando uma sociedade não consegue elaborar os efeitos de um trauma e opta por tentar apagar a memória do evento traumático, este simulacro de recalque coletivo tende a produzir repetições sinistras.

Silêncio, esquecimento e repetição

O que acontece quando uma sociedade admite, na prática, formas atrozes de um gozo que não pode ser nomeado, reconhecido e barrado pela Lei que rege a vida pública? Quais os efeitos dos restos desse gozo e do tormento que a ele corresponde, quando ambos são condenados a permanecer como dejetos do simbólico?

Em primeiro lugar, é importante observar que as vítimas dos abusos da ditadura militar, no Brasil, nunca se recusaram a elaborar publicamente seu trauma. Nos últimos trinta anos, não faltaram iniciativas de debater o período 1964-1979 nas universidades e em outros espaços públicos, assim como não faltaram textos de reflexão, denúncia e/ou resgate da memória, de autoria de sobreviventes da luta armada, de parentes de desaparecidos e das próprias vítimas de abusos sofridos nos porões do regime. No cinema, a década de 1980 viu surgirem os primeiros filmes de crítica ao período militar, como o corajoso *Prá frente, Brasil,* de Miguel Farias Jr., ou a atualização cinematográfica da peça de Guarnieri,

Eles não usam black-tie, a fim de terminar com o assassinato do operário Santo Dias em SP. Nos últimos vinte anos, tivemos uma produção expressiva de filmes que levaram para um público mais numeroso do que o dos leitores de livros e freqüentadores de debates, histórias de jovens que resistiram à ditadura, de suas (poucas) vitórias e muitas derrotas, com cenas violentas retratando a tortura e o assassinato de muitos heróis brasileiros daquele período.

Ou seja: os opositores da ditadura militar, vitimados ou não pela prática corrente da tortura, não deixaram de elaborar publicamente sua experiência, suas derrotas, seu sofrimento. Não deixaram de simbolizar, na medida do possível, o trauma provocado pelo encontro com a atroz crueldade de que um homem é capaz quando a própria força governante (no caso, também ela fora da lei) o autoriza a isso.

Em 1994, ano em que o governo Fernando Henrique Cardoso instituiu indenizações pagas pelo Estado às famílias dos desaparecidos durante o regime militar, a professora Maria Lígia Quartim de Moraes, da Unicamp, viúva de um militante desaparecido, organizou naquela Universidade um debate sobre a tortura e os assassinatos políticos da ditadura. Na mesa redonda sobre testemunhos de mulheres torturadas, da qual tive a honra de participar, pude observar que o ato de tornar públicos o sofrimento e os agravos infligidos ao corpo (privado) de cada uma daquelas mulheres, poderia por fim à impossibilidade de esquecer o trauma. Da mesma forma, os/as companheiros/as e filhos/as de desaparecidos/as políticos, na ausência de um corpo diante do qual prestar as homenagens fúnebres, só puderam enterrar simbolicamente seus mortos ao velar em um espaço público a memória deles e compartilhar com uma assembleia solidária a indignação pelo ato bárbaro que causou seu desaparecimento. O filme documentário *15 filhos,* de Martha Nehring, veio se somar a essas inicistivas.

O legado da clínica psicanalítica alcança aqui o sintoma social: assim como o endereçamento que o neurótico faz, de suas questões mais íntimas, a um estranho – o analista – é o primeiro passo num processo de cura, o ato de tornar públicas as experiências e as lutas que a história esqueceu e/ou recalcou é fundamental na elaboração dos traumas sociais.

Mas apesar do simpósio na Unicamp e de muitos outros eventos isolados (havia pouca gente na USP, em 2004, nos debates a respeito dos 40 anos do golpe de 64), não levamos nossa vontade de reparação até o fim. Foi espantosa a displicência, diria mesmo a frivolidade que caracterizou a maior parte do ambiente crítico dos anos 1980: como se a ditadura por aqui tivesse terminado não com um estrondo, mas com um suspiro – já que os estrondos foram inaudíveis para os ouvidos dos que nada queriam escutar. Como se pudéssemos conviver tranquilamente com o esquecimento dos desaparecidos. Como se nosso conceito de humanidade pudesse incluir tranquilamente o corpo torturado do outro, tornado – a partir de uma radical desidentificação – nosso dessemelhante absoluto. Aquele com quem não temos nada a ver.

Mas se vítimas dos torturadores, apesar da resistência geral, não se recusaram a elaborar publicamente sua experiência, de que lado está o apagamento da memória que produz a repetição sintomática da violência institucional brasileira?

A resposta é imediata: do lado dos remanescentes do próprio regime militar, seja qual for a posição de poder que ainda ocupam. São estes os que se recusam a enfrentar o debate público – com a espantosa conivência da maioria silenciosa, a mesma que escolheu permanecer alheia aos abusos cometidos no país, sobretudo no período pós-AI-5. Muita gente ainda insiste em pensar que a prática da tortura teria sido (ou ainda é) uma espécie de mal necessário imposto pelas condições excepcionais de regimes autocráticos, e que sob um regime democrático não precisamos mais nos ocupar daqueles deslizes do passado.

A respeito do caráter supostamente excepcional da tortura, o cientista político Renato Lessa esclarece, em artigo publicado na revista *Ciência Hoje*:

> Quando pensamos no modo concreto e material de operação de um regime autocrático, é necessário ultrapassar uma percepção difusa que diz que nele as liberdades públicas são suprimidas. É certo que o são: é esta, mesmo, uma condição necessária para sua afirmação como forma política. No entanto, para que as liberdades sejam suprimidas deve operar uma exigência material precisa: é necessário que o regime autocrático tenha a capacidade efetiva de causar sofrimentos físicos aos que a ele se opõem. (...)

A tortura não seria, segundo Lessa, uma prática excepcional tolerada em condições extremas, mas o próprio fundamento do regime autocrático. Este, de forma não declarada, assenta-se exatamente na "relação entre o torturado e o torturador: lugar de uma crueldade e de um sofrimento *que ultrapassam propósitos pragmáticos de extração de informação".* (grifo meu). Nesse caso, todo cidadão está potencialmente sujeito à tortura, sendo tal dessimetria aterrorizante entre dominadores e dominados a própria base dos regimes de exceção. Em outro artigo, publicado no jornal Estado de São Paulo, Lessa complementa o raciocínio anterior ao lembrar...

> ... a vulnerabilidade de imensos contingentes da população brasileira à violência policial. Se somarmos a isto a desproteção desses mesmos segmentos diante do domínio de grupos paramilitares, nos quais a presença de "agentes da ordem" não é infreqüente, temos um cenário de baixa concretização de direitos fundamentais. A cultura policial no país (...) é no mínimo porosa a hábitos de pilhagem e de crueldade (...) que abrangem tanto a pequena extorsão de infratores como a prática de chacinas e assassinatos justificados por 'autos de resistência'. (...) É o tema da tortura que segue vigente. A presença renitente da tortura e da crueldade física como prática das forças da ordem, apesar da constituição que temos, resulta de seu caráter 'anistiável.[4]

4 Renato Lessa: "Sobre a tortura". Artigo publicado no caderno *Aliás* do *Estado de São Paulo.*

Depois de algumas considerações sobre o caráter sofístico "de quinta categoria" que estabeleceu a mesma lei de anistia para torturadores e militantes de esquerda, Lessa conclui: "a pseudo-anistia a torturadores revela uma dificuldade básica em lidar com os efeitos da crueldade produzidos pelo sistema de poder, em qualquer tempo".

O trauma também tem efeitos sobre o torturador

A afirmação que se segue pode parecer hipócrita ou demagógica a alguns ouvidos, mas insisto em colocá-la á prova diante desse plenário: a reabertura do debate sobre a tortura no Brasil, com o eventual julgamento e a punição de alguns torturadores comprovados, não curaria somente a sociedade civil dos efeitos da violência generalizada no país. Curaria também as próprias instituições policiais. Não pelo simples expurgo dos "maus elementos": décadas de práticas abusivas impunes fizeram das polícias brasileiras um verdadeiro educandário a reproduzir indefinidamente a formação de "maus elementos".

Ocorre que a licença para abusar, torturar e matar, acaba por traumatizar *também* os agentes da barbárie. Não se ultrapassa certos limites impostos ao gozo impunemente. Assim como certas experiências extremas com a droga e com o álcool traumatizam o psiquismo pelo encontro que promovem com o gozo da pulsão de morte, o convívio "normal" com a crueldade traumatiza o sujeito que se autorizou a ser cruel e imagina beneficiar-se disso. O sentimento de realidade – que para o homem é sempre uma construção *social* – se desorganiza, assim como o sentimento de identidade do sujeito. Não é fácil efetivar a passagem do "sou um homem" para "sou um assassino de outros homens" – ela tem um preço alto. O efeito, para o próprio sujeito, é tão aterrorizante que ele se vê impelido a repetir seu ato mortífero até assimilar de vez sua nova hedionda identidade.

Não por acaso, somente algumas adesões fanáticas a crenças e rituais religiosos são capazes de redimir alguns assassinos cruéis, sejam eles policiais ou bandidos comuns: só a fé em uma instância onipotente é capaz de ressignificar a Lei, quando esta foi desqualificada em sua função de barrar o gozo e organizar o gozo dos corpos individuais nos termos permitidos pelo corpo social.

Sejamos sensatos: se a possibilidade de gozar com a dor do outro está aberta para todo humano, por outro lado a tortura só existe porque a sociedade, explícita ou implicitamente, a admite. Por isso mesmo, porque se inscreve no laço social, não se pode considerar a tortura desumana. Ela é humana: não conhecemos nenhuma espécie animal capaz de instrumentalizar o corpo de um indivíduo da mesma espécie, e além do mais gozar com isso, a pretexto de certo amor à "verdade". Sabemos que combater o terrorismo com práticas de tortura já é adotar o terrorismo; terrorismo de Estado, que suspende os direitos e liberdades que garantem a relação livre e responsável pelos cidadãos, perante a Lei. Que verdade se pode obter através de uma prática que destrói as condições de existência social da verdade?

Quando não é meio de gozo, a dor infligida ao outro deveria nos provocar dor psíquica. Um dos traços que distingue o humano de outros animais é a capacidade de identificação com a dor do outro. Por que, então, parece que o corpo torturado não diz respeito à maioria de nós?

Um corpo torturado é um corpo roubado ao seu próprio controle; corpo dissociado de um sujeito, transformado em objeto nas mãos poderosas do outro – seja o Estado ou o criminoso comum. A tortura refaz o dualismo corpo/mente, ou corpo/espírito, porque a condição do corpo entregue ao arbítrio e à crueldade do outro *separa o corpo e o sujeito*. Sob tortura, o corpo fica tão assujeitado ao gozo do outro que é como se a "alma" – isso que, no corpo, pensa, simboliza, ultrapassa os limites da carne pela via das representações – ficasse à deriva. A fala que representa o sujeito deixa de lhe pertencer, uma vez que o torturador pode arrancar de sua vítima a palavra que *ele quer ouvir*, e não a que o sujeito teria a dizer. Resta ao sujeito preso ao corpo que sofre nas mãos do outro o silêncio, como última forma do domínio de si, até o limite da morte. E resta o grito involuntário, o urro de dor que o senso comum chama de "animalesco".

Por que animalesco, se é um homem que urra? Talvez porque o grito de dor não represente mais o sujeito/homem, mas apenas o que agora nele é carne em sofrimento. O urro de dor não é mais expressão do sujeito – assim como a palavra extorquida pelo torturador também não. Mas talvez seja um mero preconceito chamar de animalesca a expressão extrema deste homem-corpo. Talvez ele evoque o terror a tal ponto que seja conveniente considerá-lo animalesco para não corrermos o risco de nos identificar com ele.

Quando se trata de experiências-limite, é preciso escutar os poetas. Torquato Neto, por exemplo: "Leve um homem e um boi ao matadouro; aquele que berrar é o homem. Mesmo que seja o boi".

Por fim: hoje ninguém desconhece a existência da tortura no Brasil – nem do passado, nem do presente. Não podemos assimilar nossa indulgência para com os torturadores de ontem e de hoje como se fosse efeito de desconhecimento do fato. Mas se nós aceitamos com certa tranqüilidade a existência da tortura e a impunidade dos torturadores, o que é que teria ficado recalcado, silenciado, depois da nossa pseudo-anistia, e que ainda hoje produz sintomas sociais de violência policial com freqüência ainda maior no presente do que durante a ditadura? Não é o fato de ter havido e haver tortura que ficou recalcado, e sim *a convicção de que ela é intolerável.* O argumento da tortura como mal necessário parece convincente ainda a grandes parcelas da população brasileira. Nós nos esquecemos que o outro torturado nos diz respeito; que se a tortura separa corpo e sujeito, cabe a nós assumir o lugar de sujeito em nome daqueles que já não têm direito a uma palavra que os represente. Como na canção de Milton Nascimento: "morte bela, sentinela sou do corpo desse meu irmão, que passou..."

Não nos esquecemos nem por um dia de nossa violência social, passada e presente. Convivemos com ela o tempo todo, preocupamo-nos com ela e a tememos. O que ficou recalcado na sociedade brasileira, desde a tal pseudo-anistia, é que somos nós os agentes sociais a quem cabe exterminar a tortura.

Esquecemos de que é possível viver sem ela. Só que esta mudança não se dará sem enfrentamento, sem conflito. A tortura resiste como sintoma social de nossa displicência histórica.

O que não podemos esquecer está expresso no poema introdutório ao livro *Réquiem,* poemas de Anna Akhmátova sobre o período dos expurgos e das prisões na Rússia sob a ditadura stalinista:

Não, não foi sob um céu estrangeiro
Nem ao abrigo de asas estrangeiras.
Eu estava vem no meio do meu povo
Lá onde meu povo em desventura estava.

Bovarismo e Modernidade

É bastante conhecida entre os amantes da literatura a cena em que Emma Bovary é seduzida por seu segundo amante, Leon, na cabine de uma carruagem que o cocheiro conduz a esmo pelas ruas de Rouen. A rendição de Emma é apenas sugerida, do ponto de vista de um narrador que está fora da carruagem: Leon fecha os postigos da cabine e manda o cocheiro tocar em frente sem destino certo; logo mais uma mão feminina, já sem luvas, joga na rua pedaços de papel rasgado: a carta que Emma planejava entregar ao futuro amante, em uma tentativa romanesca de renunciar às consequências do flerte já iniciado entre os dois. A seguir, tudo o que o narrador descreve é o longo percurso do carro, ao comando de "siga em frente!" – repetido, de dentro da cabine, na voz de Leon. Quando a carruagem finalmente pára na porta do Hotel em que Emma está hospedada, os dois já se tornaram amantes. A ousada cena da sedução na carruagem foi um dos principais motivos alegados pelo Ministério Público de Paris para processar Flaubert por ofensas ao decoro e à moral, em *Madame Bovary*.

A ironia do estilo arduamente construído por Gustave Flaubert para produzir no leitor um distanciamento crítico em relação às peripécias romanescas de sua personagem feminina não impediu que muitas gerações de mocinhas românticas tivessem lido *Madame Bovary* como uma "linda história de amor". A educação sentimental (literária) dos consumidores de romances, na Europa oitocentista e no resto do Ocidente fez que via de regra a recepção de *Madame Bovary* fosse também bovarista. A indagação que deveria conduzir a leitura do romance – por que as coisas são narradas desse jeito? – é freqüentemente substituída pela pergunta-chave dos romances de ação: o que vai acontecer depois? A leitura romanesca de *Madame Bovary*, conduzida pela expectativa de que Emma encontre o amante certo para cumprir com seus propósitos – igualmente romanescos, mas também burgueses – encobre a pergunta central do romance: afinal, por que Emma deseja um amante?

A resposta embutida em *Madame Bovary* deu origem à expressão "bovarismo". O termo já se incorporou ao senso comum, mas vale lembrar que é uma expressão cunhada pelo psiquiatra francês Jules de Gaultier em 1902, inspirado no romance de Flaubert, a fim de designar "todas as formas de ilusão do eu e insatisfação, desde a fantasia de ser um outro até a crença no livre arbítrio". Em *Madame Bovary*, a protagonista Emma é uma mulher que passa sua vida tentando ser uma outra. Ocorre que, nas sociedades capitalistas liberais, a possibilidade de tornar-se um outro está inscrita no laço social, sobretudo pela via da mobilidade social, declaradamente criticada e desprezada por Flaubert. A convicção delirante entre doentes mentais é também uma fantasia que compõe os ideais modernos: daí a atualidade e o poder crítico de *Madame Bovary*.

Não por acaso, a sua personagem mais trágica (e também a mais ousada) é uma mulher: apartada das possibilidades de engajar-se na luta pela ascensão social por conta própria, Emma Bovary tentou empreender sua trajetória, de provinciana remediada a burguesa emancipada, pela via do amor. Emma deseja ter amantes para que eles a transformem na burguesa que ela não conseguiu ser por meio do casamento com Charles Bovary. Mas quem consegue tornar-se um outro, no romance, é o farmacêutico Homais, cuja ascensão social se desenrola na sombra das aventuras de Emma Bovary. É sobre ele a última frase do livro: "*il vient de recevoir la croix d'honneur*" – indicando que a mobilidade burguesa seria mais acessível aos homens, capazes de desvendar e manobrar o código das conveniências sociais. Recordemos que Homais toma o lugar de Charles Bovary como médico que ele não é: mas seu bovarismo funciona.

A desventura de Emma foi ter-se tomado por personagem dos "romances para moças" que lera na adolescência. Flaubert parece ter escrito *Madame Bovary* contra a crença burguesa no livre arbítrio, mas também contra a própria literatura de sua época, em que o amor erigia-se como única forma de vida espiritual acessível aos filisteus. O cigarro e o adultério seriam as últimas formas de aventura ao alcance do homem moderno, escreveu, no *Spleen de Paris*, seu contemporâneo e interlocutor Charles Baudelaire. Se o código civil legalizasse o divórcio e tornasse o amor adúltero obsoleto, seria o fim da literatura – comentou Émile Zola em artigo para *Le Figaro*. Se para os pais de família burgueses o adultério representava a possibilidade de aventuras eróticas além das permitidas pelo casamento, para as mulheres casadas o significado de um caso extraconjugal não era apenas o de uma nova experiência sexual. Representava um ousado passo na direção de uma escolha de destino, para além dos papéis de filha, esposa e mãe que lhes estavam reservados desde o nascimento.

Cabe indagar, a partir do fracasso da empreitada de Emma Bovary, até que ponto é possível cumprir esse mandato moderno, ante os limites impostos pela dívida simbólica. Tornar-se um outro implica reconhecer o caráter *simbólico* da dívida para com os antepassados, de modo a não se deixar capturar pelas armadilhas da culpa. Mas implica também decifrar o campo de forças sociais que determinam a posição do sujeito, de modo a manobrá-las, como soube fazer M. Homais, a seu favor. O alcance social e individual desta forma de auto-engano me permite tomar o bovarismo como uma das figuras mais expressivas da subjetividade moderna.

Quincas Borba e o bovarismo nacional

Nas sociedades da periferia do capitalismo, que se modernizaram tomando como referência as revoluções industrial e burguesa europeias sem, no entanto, realizar nem uma nem outra, a relação com os ideais passa forçosamente pela fantasia de "tornar-se um outro". Só que esse *outro* é, por definição, inatingível, na medida em que o momento histórico que favoreceu a modernização, a expansão e o enriquecimento dos impérios coloniais não se repetirá. O bovarismo dos países periféricos não conduz à sua modernização; pelo contrário, inibe e obscurece a busca de caminhos próprios, emancipatórios, que respondam às contradições próprias de sua posição no cenário internacional – a começar pela dependência em relação aos mais ricos.

Se a forma predominante do bovarismo brasileiro consiste em tomar-nos sempre por não-brasileiros (portugueses no século XVIII, ingleses ou franceses no século XIX, norte-americanos, no XX), nossa melhor literatura também tem seu personagem bovarista: é Rubião, personagem do romance *Quincas Borba*, de Machado de Assis. Rubião é o caipira pobre, professor de escola pública em Barbacena, a quem a leal dedicação ao amigo Quincas Borba vale uma inesperada herança. Rubião é nomeado (à custa de uma pequena trapaça) único herdeiro do filósofo picareta Quincas Borba, cuja fortuna fora herdada, por sua vez, de um tio rico – lembrem-se de que só os pobres trabalham para valer em Machado de Assis.

O próprio Quincas Borba, filósofo desocupado de província, seria também um "herdeiro" tropical de filosofias progressistas europeias adaptadas às condições brasileiras. Sua filosofia, o *humanitismo*, interpreta a história da humanidade como uma progressão natural que favoreceria, inexoravelmente, os mais capazes. Um arremedo tropical da *survival of the fittest* proposta por Spencer, como bem observa Roberto Schwarz[1].

1 Roberto Schwarz, *Um mestre na periferia do capitalismo*, São Paulo, Duas Cidades-34, 2000, p. 165.

Mas para contemplar a tradição cordial do modo de dominação brasileiro, a vitória dos mais fortes na filosofia de Quincas Borba não implicaria grandes riscos do lado dos vencedores nem revolta do lado dos vencidos: humanitas , princípio universal genérico capaz de apagar as diferenças que favorecem os mais fortes, impõe a migração permanente dos seres vivos, de um corpo a outro, sem que nada do princípio "humanitista" universal se perca nessa transmutação. É assim que o filósofo Quincas dá seu nome ao cão Quincas Borba, de quem Rubião deve cuidar como se fosse um duplo da alma do amigo.

Que não se tome tal princípio conformista no mesmo sentido das conclusões a respeito da vida e da morte na conhecida passagem da conversa entre os coveiros, em *Hamlet*. Em Shakespeare, os dois trabalhadores braçais que cavam a cova de Ofélia no cemitério, sujos de terra, parecem vingados de sua pobreza ao entender que, na morte, ninguém vale mais do que ninguém: a transmutação da matéria morta pode fazer reaparecerem os restos de um príncipe, eventualmente digeridos por uma minhoca devorada por um peixe, na barriga de um plebeu. Já o *humanitismo* de Borba justifica a exploração do trabalho e favorece sempre o ponto de vista dos vencedores, ignorando as diferenças de condições que determinam o resultado da luta. Tal arremedo de positivismo funciona como *naturalização das determinações históricas*. O paradigma do *humanitismo* seria a disputa entre duas tribos primitivas, em igualdade de condições, pela posse de um campo cultivado. O grito de guerra – *Ao vencedor, as batatas!* – não é mais do que a afirmação alegre (nietzscheana?) de uma supremacia conquistada.

Só que as supremacias que interessam aos personagens de Machado de Assis – Brás Cubas, Rubião, os irmãos Pedro e Paulo, de *Esaú e Jacó* – não são as que se conquistam com luta ou trabalho. São as que se obtém sem esforço ou risco pessoal mediante favorecimentos, pistolões, tráfico de influências. O *humanitismo* de Borba não passa de uma cômica racionalização da injustiça social e do corporativismo das elites que perpetuam desigualdades e privilégios de classe, no Brasil.

De posse da considerável fortuna do falecido Quincas, obtida mediante uma pequena picaretagem, Rubião sai de Barbacena para a corte, onde tenta posar de cidadão do mundo. Seu provincianismo o condena: assim como a Emma de Flaubert, Rubião não domina o jogo das conveniências sociais entre as famílias ricas do Rio de Janeiro. Para fazer-se aceito, dá todo o dinheiro, posa de figurão benemerente, faz-se cercar de nulidades e aproveitadores "bem nascidos" e morre louco, na miséria, de volta a Barbacena com o cão Quincas Borba, seu único amigo leal.

A triste biografia de Rubião é marcada por um único ato efetivo, que o projeta de maneira fugaz na vida social carioca: de passagem por uma rua do centro da cidade, Rubião salva uma criança das rodas de uma carruagem. De início, o simplório Rubião espanta-se de ver a vizinhança toda abrir alas à sua passagem, como se o gesto, que só lhe custara um corte na mão e a perda do chapéu, revelasse coragem excepcional.

O leitor perceberá que o impulso de tirar a criança da frente da carruagem guarda ainda um resto da espontaneidade e da despretensão que nosso herói trazia da vida provinciana. Para Rubião, não significou nada de mais. Mas o feito ganhou coloração heróica na notícia publicada no jornal de seu amigo Camacho, interessado em lançar a candidatura de Rubião à câmara dos deputados. A primeira reação de nosso "herói", mineiro recatado que era, ao ler a versão sensacional de seu gesto, publicada no *Atalaia*, foi de desagrado: "quem mandou ser linguarudo?" (p. 109). Mas uma nova leitura da notícia – "que era bem escrita, era" [...] "que narração! Que viveza de estilo!" (p. 110) – foi convencendo Rubião da importância do ato.

A partir dessa passagem, Rubião vai progressivamente abandonando o modo de pensar provinciano para tentar identificar-se com a imagem que a imprensa sensacionalista da capital lhe oferecia. Pela primeira vez, reconhecendo-se – não sem uma forçada de barra – na descrição exagerada do jornal, Rubião intuiu (confusamente) que o sucesso de sua escalada na sociedade carioca dependia de fazer-se passar por um outro.

Um *outro* do qual sentia-se muito, muito distante. À saída do escritório do Camacho, cruza seu caminho com o de uma senhora bem vestida e perfumada.

> "Baronesa! [...] o ar metia-lhe pelo nariz um aroma fino e raro, coisa de tontear, o aroma deixado por ela. Baronesa! [...] Que novidade podia haver em tudo isso? Nenhuma. Uma senhora titular cheirosa e rica, talvez demandista, para matar o tédio. *Mas o caso particular é que ele, Rubião, sem saber por quê, e apesar do seu próprio luxo, sentia-se o mesmo antigo professor de Barbacena.* (p. 102, grifo meu).

Outra vez (capítulo LXXXVI), depois de uma visita ao Freitas, que estava doente – sociabilidade de província... –, Rubião estende o passeio além da praia Formosa e da Gamboa, até o bairro da Saúde.

Viu ruas esguias, outras em ladeira, casas api-
nhadas ao longe e no alto dos morros, becos,
muita casa antiga, algumas do tempo do rei,
comidas, gretadas, estripadas, o cais encardi-
do e a vida lá dentro. E tudo isso lhe dava uma
sensação de nostalgia... nostalgia do farrapo,
da vida escassa, acanhada e sem vexame. Mas
durou pouco: o feiticeiro que andava nele
transformou tudo. Era tão bom não ser pobre!
(p. 141).

O risco do vexame, que não existia na vida acanhada das lembranças nostálgicas de Rubião, assolava
constantemente o novo rico que tentava inserir-se
entre as elites da capital. Assim como Emma Bovary,
desde sua posição de mulher na sociedade oitocentista, tomando como guia os romances açucarados de
sua adolescência não foi capaz de decifrar as forças
sociais que determinavam sua condição, o provinciano Rubião também não dominava os códigos da vida
na corte. Estava permanentemente sujeito ao vexame
– o que ainda considerava melhor do que ser pobre.

A transmutação do antigo professor de Barbacena
em figurão da corte não se dá pela via da experiência
política, nem por efeito de algum outro ato de projeção pública. Sua candidatura à câmara dos deputados

naufraga; se Rubião não entendia por que deveria ser deputado, como entenderia as razões do fracasso? "Podia, devia estar na Câmara. Os tais é que o não quiseram". E sonha com a desforra: haviam de vê-lo deputado, senador, ministro. Depois de acrescentar uma pequena emenda a um artigo de Camacho, sentiu-se como se fosse também um pouco autor do texto (p. 177).

É a vez de Machado exibir, com sarcasmo, a mágoa do grande escritor em país periférico. No capítulo seguinte, lamenta não poder "dar a esse livro o método de tantos outros [...] em que a matéria do capítulo era posta no sumário: 'De como aconteceu isto assim e mais assim'". Evoca os grandes autores do passado, Bernardim Ribeiro, "outros livros grandiosos". "Das línguas estranhas, sem querer subir a Cervantes nem a Rabelais, bastavam-me Fielding e Smollet, muitos capítulos dos quais só pelo sumário estão lidos".

E assim o autor de *Quincas Borba* passa ao capítulo CXIII ao qual, se lhe fosse dado ter nascido Fielding, daria o título "De como Rubião, satisfeito da emenda feita no artigo, tantas frases compôs e ruminou, que acabou por escrever todos os livros que lera (p. 178)".

Se Machado faz seu narrador declinar da pretensão de fazer-se passar por um grande autor clássico, não poupa seu personagem de: "durante alguns minutos", acreditar-se "autor de muitas obras alheias" (p. 178). E na página seguinte, é a vez do narrador vingar-se de sua condição: dedica apenas duas linhas ao capítulo CXIV: "Ao contrário, não sei se o capítulo que se segue poderia estar todo no título" – e no capítulo seguinte, toma seis páginas para descrever um encontro entre Rubião e Sofia.

O humor com que Machado de Assis reage a seu próprio bovarismo[2] me faz pensar em uma passagem do ensaio "As ideias fora do lugar"[3] em que Schwarz analisa a força crítica da literatura produzida em um país cujas contradições, ante o ideário moderno, só poderiam gerar uma atitude cética.

O ceticismo nacional em face das ideologias favorece a obra de Machado, tornando-a comparável à literatura russa do século XIX, capaz de abarcar as ambigüidades do ideário burguês a ponto de fazer os melhores romances do realismo francês parecerem ingênuos. "Assim, o que na Europa seria verdadeiramente façanha da crítica, entre nós podia ser a singela descrença de qualquer pachola, para quem utilitarismo, egoísmo, formalismo e o que for, são uma roupa

---

2 Assim como Flaubert revela, em diversas cartas a amigos e à amante Louise Collet, que sua personagem é uma tentativa de curar "l'enfant immaginaire" que ele sabia ser.

3 Roberto Schwarz, "As idéias fora do lugar", in *Ao vencedor as batatas*, São Paulo, Duas Cidades, 1977.

entre outras, muito da época mas desnecessariamente apertada"[4]. O fato de Machado de Assis ter se tornado escritor de grande porte em um país periférico, em que valores e ideias progressistas eram freqüentemente tomados "em sentido impróprio", amplificou o alcance de sua obra. Essa, a despeito do conservadorismo do autor, até hoje é capaz de não apenas problematizar a farsa da modernização no Brasil, como de nos fazer descrer de máximas consagradas pela ideologia burguesa, nos casos em que foi bem-sucedida. De onde se conclui que o melhor bovarismo é aquele que, mesmo sem recuar na empreitada, percebe o ridículo de suas pretensões.

Voltemos a Rubião. Fracassada a fantasia, que nunca fora realmente sua, de ingressar na vida pública sem saber para quê, é da porta de casa para dentro que Rubião cumpre sua tão sonhada transformação; suas relações sociais multiplicam-se. É reconhecido na rua como... "um ricaço de Minas. Tinham-lhe feito uma lenda". Passava por grande filósofo sem ter que dar provas de competência: a fama antecedera a obra, não era preciso filosofar. Aliás, ainda que fosse capaz disso, seus convidados não estariam interessados em grandes ideias. Importava-lhes que Rubião recebia

4 Idem, ibidem, p. 23.

bem, todas as noites, um círculo de comensais. Todos lhe deviam dinheiro, fumavam seus charutos, apreciavam o vinho e a boa comida. Rubião acompanhava os tempos: sabendo que a criadagem negra deixara de ser um sinal de distinção, substituiu os ex-escravos mantidos na casa por um cozinheiro francês e um pajem espanhol que, a bem da verdade, intimidavam seu patrão. No seu gabinete, ostentava dois bustos de mármore de Napoleão I e Napoleão III.

Lá pelo último terço do romance, quando Rubião parece ter finalmente se estabelecido entre a elite carioca, encontramos uma surpreendente paródia da cena da carruagem, de *Madame Bovary*. Rubião, que já fracassara em uma tentativa de seduzir a bela esposa de seu amigo Palha, Sofia, vai visitá-la sem ser convidado. A moça está de saída, e Rubião não hesita: entra com ela na carruagem e diz ao cocheiro que pode partir. Sofia implora que ele desça para evitar um escândalo, caso os dois sejam vistos juntos em situação tão íntima. Rubião, impetuosamente, "imita" Leon: fecha os postigos e propõe que, isolados na cabine, possam "andar a toa, os cavalos vão andando e nós vamos conversando, sem que nos ouçam nem adivinhem [...]" (p. 233).

À diferença de Flaubert, Machado narra essa cena de dentro da carruagem. É que ela não apresenta despudor algum: o narrador faz falhar o propósito sedutor de Rubião. O leitor acompanha a repulsa de Sofia, que se encolhe no banco, o mais longe possível de seu sedutor. De repente, Rubião parece desistir da investida. Intimida-se, apoia o queixo no castão da bengala, ensimesmado. Só sai desse mutismo, que deixa Sofia bastante espantada, quando retoma um tipo de delírio que já vinha se insinuando nos capítulos anteriores: dirige-se a Sofia em tom grandiloqüente, romanesco, como se fosse o imperador dos franceses, Luís Napoleão, falando com sua amante. Sofia tenta interrompê-lo, atônita:

> – Rubião...
> – Napoleão, não; chama-me Luís. Sou o teu
> Luís, não é verdade, galante criatura? (p. 237)

Antes disso, no capítulo CXLVI, Rubião mandara o barbeiro desenhar-lhe uma barba em pêra, com o mesmo corte do sobrinho de Napoleão. Agora, promete a Sofia que lhe nomearia o marido embaixador, ou melhor, senador, para que o casal não tivesse que deixar o Rio. Promete nomeá-la duquesa. Tenta presentear Sofia com o solitário que traz no dedo, mas ela, que amava as joias, acha por bem recusar. Subitamente, apeia.

"Apenas separados, deu-se em ambos um contraste" (p. 239). O contato com a rua devolve Rubião de seu delírio de volta à realidade. Já Sofia, livre do perigo de comprometer-se, começa por sua vez a sonhar-se personagem da cena a que ele a transportara. Sente "saudades do céu, que é o que dizia o padre Bernardes do sentimento de um bom cristão" (p. 240): aqui, Machado aproxima Sofia da personagem de Flaubert, cujos anseios eróticos se confundiam, desde a adolescência, com transportes de piedade e arrependimento cristãos. Sofia, livre do risco do escândalo, deixava-se transportar pela fantasia de um outro homem, que não Rubião, que lhe dissesse ao ouvido os mimos mais apetitosos. Mas quem? "Nomes diversos relampejavam no azul daquela possibilidade" (ibidem).

Uma leitura psicanalítica sugere que diante da angústia provocada pelo encontro com o objeto do desejo, Rubião teria sofrido uma espécie de despersonalização, da qual emergiu aderindo à imagem do personagem que escolhera como duplo: o imperador Napoleão III. Mas a fineza literária de Machado de Assis, que a psicanálise jamais esgotará, consiste em fazer duplicar a própria figura do duplo, tão freqüente na literatura do século XIX[5]: embora Rubião tente

5 Ver, a respeito, Noemi Moritz Kohn, *A viagem*, São Paulo, Companhia das Letras, 2003.

passar-se pelo sobrinho de Napoleão, o duplo que o narrador machadiano lhe atribui é o cão Quincas Borba, que o acompanha desde Barbacena até o hospício, e novamente a Minas, para morrer na miséria. O cão Quincas representa o aspecto interiorano, humilde, vira-latas da personalidade de Rubião que ele tenta, sem sucesso, recalcar. Assim como Rubião, Quincas tem melhor memória para os afagos do que para as pancadas; confia nos homens. "Gosta de ser amado. *Contenta-se de crer que o é*" (p. 45, grifo meu). Também Rubião contenta-se em crer que é amado, prestigiado, respeitado, e não registra as pancadas que vai recebendo pelo carinho.

O que se pode dizer da sedução falhada de Rubião na paródia flaubertiana de Machado de Assis? Machado parece dizer: a Bovary de Flaubert fracassa em ser uma outra, mas não fracassa como grande personagem feminina da literatura ocidental.

E mais: seu Quincas Borba, filósofo de província, não é nenhum Spencer. O tolo Rubião não é Leon, não tem seu charme nem seu *savoir faire* com as mulheres.

Sofia, bela esposa do burguês Palha, não é nenhuma Emma; não tem a imaginação, a grandeza, a ousadia trágica da personagem de Flaubert. Sofia só quer um amante para corresponder às fantasias do marido, que gosta de exibi-la aos outros homens, nos bailes e nos salões. Não interessa a Sofia arriscar, por uma aventura, o conforto tedioso da vidinha de esposa abastada.

O Brasil do segundo reinado acomodou-se aos novos tempos sem grandes rupturas, sem passar pelas convulsões sociais que abalaram a França de Luís Napoleão. O Rio de Janeiro bem gostaria, mas está longe de se parecer com a Paris oitocentista.

"E eu", poderia dizer Machado, "também não sou nenhum Flaubert".

Retomo aqui a ironia com que Machado se refere a seu lugar frente à grande literatura universal de seu tempo para depois se apropriar, com a liberdade que lhe convém, de algumas de suas invenções. Cabe então ainda mais uma volta no parafuso: e Flaubert, teria sido o que julgava ser?

O ponto de vista do cabo do chicote

Apesar de seu enorme esforço em elevar a literatura brasileira ao patamar mais alto da literatura universal – sem perder a marca do lugar de origem –, Machado de Assis não alcançou a projeção internacional de Flaubert. Condena-o a língua, pouco falada no mundo, condena-o a posição periférica do país no cenário político e cultural internacional. No entanto, como o personagem-narrador de Brás Cubas, também em

Quincas Borba Machado "dispõe da tradição ocidental com espetacular desenvoltura".[6]

O estilo de Machado de Assis é marcado pela duplicidade dos enunciados, que torna o narrador "pouco confiável", "incerto", na expressão de Lúcia Serrano Pereira.[7] Tanto faz se na terceira pessoa, como em *Quincas Borba*, ou em primeira, como em *Dom Casmurro* e *Brás Cubas*, a voz do narrador em Machado de Assis caracteriza-se por fazer desacreditar seu próprio enunciado.

Como o leitor é levado a perceber que o narrador de *Quincas Borba* não leva a sério o que diz? Talvez pelo simples fato de que ele diga, com tamanho despudor, aquilo que nem a norma burguesa, nem a boa convenção literária lhe permitiriam dizer. No capítulo XLVII Rubião é desviado de seu caminho pela multidão de curiosos que vai assistir ao enforcamento de um negro. Vai como que fascinado, lutando contra a própria consciência. Os curiosos explicam que o condenado era um criminoso feroz. Isso basta para que Rubião encare o réu, "sem delíquios de piedade", e siga o cortejo até o fim; "era tão raro ver um enforca-

6 *Idem, ibidem*, p. 33.
7 Lucia S. Pereira, *Um narrador incerto – entre o estranho e o familiar*,Rio de Janeiro, Companhia de Freud, 2004.

do! Senhor, em vinte minutos está tudo findo! Senhor, vamos tratar de outros negócios!" (p. 75).

Tal desfaçatez só é possível na medida em que o narrador não acredita no que diz, o que empresta uma permanente nota de cinismo a seu ponto de vista. Ao analisar o narrador em *Memórias póstumas de Brás Cubas*, Roberto Schwarz escreve que a ambigüidade de sua posição depende de uma apropriação do "esforço analítico e formulador dos Iluministas, o trabalho prévio de secularização e unificação enciclopédica do domínio humano – trabalho de cujo espírito esclarecido (nossos personagens) não participam, mas lhe aproveitam os resultados". Melhor dizendo: trata-se da... "incorporação dos *resultados da Aufklaerung* sem o processo correspondente e sob uma diretriz oposta à dela" (*Um mestre...*, p. 33).

Tal recurso faz por desmoralizar os ideais iluministas de que o narrador se serve com propósitos conservadores: "Separado do ímpeto crítico e reformador, a Ilustração troca de sinal, transformando-se em licença" (p. 36). Penso que a mesma lógica se aplica ao narrador de *Quincas Borba*. Vejamos, por exemplo, o primeiro diálogo entre Rubião e o casal Palha, no trem de Barbacena para o Rio. Comentam o decreto do Imperador, que acenava com a perspectiva futura da Lei dos Inocentes, mas mandava respeitar a atual propriedade de escravos. Palha esperava que o próspero interiorano que acabava de conhecer demonstrasse mais apego aos negros que possuía. Para seu grande espanto...

> Rubião não acudiu à (sua) indignação. Era plano deste vender os escravos que o testador lhe deixara, exceto um pajem; se alguma coisa perdesse, o resto da herança cobriria o desfalque. Demais, a fala do trono que ele também lera mandava respeitar a propriedade atual. Que lhe importavam escravos futuros, se não os compraria? (p. 39)

Trata-se de alienação, de "inocência" do caipira Rubião? Mas que inocência se pode atribuir a um personagem que rapidamente aprende, tão logo se apropria da herança do amigo morto, que – "Tão certo é que a paisagem depende do ponto de vista, e que o melhor modo de se apreciar o chicote é ter-lhe o cabo na mão" (p. 37)?

O ponto de vista do narrador machadiano é sempre tão acintosamente aliado ao dos que têm o cabo do chicote nas mãos, que acaba por realizar seu propósito de escandalizar o leitor. O que se obtém, novamente segundo Schwarz, é uma mistura de presunções civilizadas, referências ilustradas e conivência inconsciente, quase inocente, com práticas atrasadas, que põem a nu o capricho e a volubilidade que norteiam as escolhas das elites brasileiras.

Assim Roberto Schwarz, em *Um mestre na periferia do capitalismo*, oferece elementos para elaborarmos a forma do bovarismo brasileiro no século XIX, do qual o personagem Rubião é o expoente tragicômico.

O pano de fundo silenciado que atravessa a pobre saga de Rubião é a oposição entre senhor e escravo, a qual... "desdobra-se numa tensão social que impregna toda a sociedade". Uma sociedade atrasada, "por provincianismo ou barbárie, ambos risíveis, sobretudo por sua pretensão de serem adiantados".

Embora a análise de Schwarz refira-se a *Memórias póstumas de Brás Cubas*, essas observações iluminam também a leitura de *Quincas Borba*. As pretensões ilustradas de Rubião expressam bem o bovarismo nacional, no qual a fantasia de uma grande aventura amorosa faz *semblant* de uma sofisticada vida do espírito – inexistente por aqui. A paixão fantasiosa por Sofia funciona como contrapartida "espiritual" ao arrivismo material de Rubião. "É como se nas circunstâncias brasileiras, caracterizadas pela preeminência da volubilidade, fosse o amor a única forma disponível de plenitude, as outras manifestações do

espírito ficando condenadas ao amesquinhamento"
(p. 64).

Não foi apenas no Brasil que a burguesia emergente elegeu o amor como simulacro de grandes vôos espirituais. Mas entre nós, o amesquinhamento do espírito a que se refere Schwarz tem particularidades que merecem ser analisadas. De que amesquinhamento do espírito estamos tratando? Evidentemente, da mesquinhez inevitável dos que se colocam, diante do outro, com o cabo do chicote na mão, sem questionar se o uso do instrumento não deveria ser evitado. Nem o amor, nem a pretensa religiosidade da alma brasileira,[8] nem a moral sentimental que emana da cordialidade característica de nossas relações de classe são capazes de nos salvar do amesquinhamento produzido pela longa permanência da escravidão no Brasil.

No Brasil do segundo reinado, a importação de ideias progressistas conviveu longamente com o escravismo. A Baía de Guanabara, no final do século XVIII, foi o maior terminal negreiro da América. Até 1850, o Brasil era o único país independente a praticar o tráfico negreiro: mesmo depois de decretada a

8 Cuja elevação espiritual é questionada por Sérgio Buarque de Hollanda no capítulo "O homem cordial" de *Raízes do Brasil*: "Essa aversão ao ritualismo conjuga-se mal – como é fácil imaginar – com um sentimento religioso verdadeiramente profundo e consciente" (p. 150).

ilegalidade do tráfico internacional, o contrabando de africanos continuou sendo negócio altamente lucrativo. A Corte, em meados do século XIX, tinha características de uma cidade quase negra, de uma cidade meio africana. Em 1849 a população do Rio de Janeiro contava com 110 mil escravos, num total de 266 mil habitantes: era a maior concentração urbana de escravos no mundo desde o final do Império Romano.[9]

A semilegalidade em que perdurou a escravidão no Brasil depois da proibição internacional do tráfico negreiro produziu contradições que, com raras exceções regionais, não desaguaram em conflitos mas em arranjos que beneficiavam a oligarquia escravista. Na qualidade de "propriedade privada", a condição jurídica do negro ficou sempre ambígua, mesmo depois da abolição, em maio de 1888. Essa ambigüidade, embora abolida da letra da lei, permanece marcando a posição dos negros na sociedade brasileira, sob forma das mais diversas práticas injustas, inconscientes ou consentidas, que ferem e traumatizam a sociedade até hoje.

Segundo Luiz Felipe de Alencastro, o império precisou inventar meios de capturar o escravo em sua malha jurídica. Depois do relativo "progresso" representado pela proclamação da independência, o es-

9 Luiz Felipe de Alencastro, "Vida privada e ordem privada no Império", in *História da vida privada no Brasil*, v. 2, cap. I.

cravismo não se apresentava como herança colonial, como um vínculo indesejável com o passado – a ser em breve superado – mas sim como um compromisso para o futuro do Império! "O Império retoma e reconstrói a escravidão no quadro do direito moderno, dentro de um país independente, projetando-a sobre a contemporaneidade" (p. 17).

As elites interpretam os ideais de progresso a seu bel prazer: ao invés de fazer coincidir a independência com o fim da escravidão, inventam dispositivos legais capazes de conciliar a barbárie com as exigências do Estado moderno. "O escravismo desmente as ideias liberais", escreve Roberto Schwarz, em "As ideias fora do lugar".

É evidente que tal "amesquinhamento do espírito" característico da sociedade brasileira não se resolveu pela via da importação dos costumes, dos modismos e nem mesmo da melhor produção artística e cultural do Ocidente. "As palavras mágicas Liberdade, Igualdade e Fraternidade sofreram a interpretação que pareceu ajustar-se melhor aos nossos velhos padrões patriarcais e coloniais, e as mudanças que inspiraram, foram antes de aparato do que de substância".[10] A "crença mágica no poder das

10 Sérgio Buarque de Holanda, *Raízes do Brasil* (1936), São Paulo, Companhia das Letras, 1995, p. 179.

ideias",[11] cuja importação nos projetaria no cenário da modernidade sem exigir a alteração das nossas práticas sociais, teve o efeito de alimentar o permanente desinteresse das elites cultas pelas questões públicas, permitindo a manutenção de privilégios e de um estilo de dominação pré-modernos, cujo expoente foi o prolongado regime escravista e os abusos derivados dele, mesmo depois da abolição.

O amor, como signo de grandeza de espírito, tem lugar privilegiado em uma sociedade que se organiza em torno dos valores da vida familiar e cujo papel impessoal do Estado e da Lei perde força diante dos interesses das grandes famílias. No Brasil, o espaço público é secundário em relação ao espaço doméstico. Na segunda metade do XIX a sociedade privatizou-se, na tentativa de isolar seu estilo de vida (imitado de Lisboa e de Paris) da paisagem degradada das ruas. A vida "ilustrada" acontecia da porta de casa para dentro – saraus, bailes, mocinhas casadoiras em exibição entre os pretendentes com posses. A rua torna-se o

___

11 Idem, ibidem, p. 160: "De todas as formas de evasão da realidade, a crença mágica no poder das idéias pareceu-nos a mais dignificante em nossa difícil adolescência política e social [...]. A democracia no Brasil sempre foi um lamentável mal entendido. Uma aristocracia rural e semifeudal importou-a e tratou de acomodá-la, onde fosse possível, a seus direitos e privilégios, os mesmos privilégios que tinham sido, no Velho Mundo, o alvo da luta da burguesia contra os aristocratas".

lugar dos negros e dos pobres. Tal privatização da vida das famílias urbanas de classe média e alta foi, no Brasil, uma continuação do fechamento sobre si mesmas das grandes famílias da oligarquia rural descrito por Sérgio Buarque de Hollanda em *Raízes do Brasil*. As consequências da proeminência da ordem privada sobre a ordem pública nos alcançam em pleno século XXI, sobretudo no que toca à separação entre a política e a vida social a que se refere Alberto Torres, citado por Hollanda (p. 178).

A vida privada escravista – que, segundo Alencastro, confunde-se com a vida familiar das elites – desdobra-se em uma *ordem privada* prenhe de contradições com a ordem pública – situação que atravessa todo o império. O cotidiano das elites no Rio de Janeiro, uma... "promiscuidade entre vida familiar, festa cívica e horrores do tráfico negreiro é um traço ferino de 'cor local' [...] onde notas bárbara e bem-pensante se alternam [...]".[12]

Entre os elementos que compõem nossa "cor local", encontramos a importação de modismos europeus, desde que a adesão tardia do Brasil à proibição internacional do tráfico de escravos produziu um excedente de capital que permitiu às elites a compra de bens

12 R. Schwarz, *Um mestre...*, op. cit., p. 112.

de luxo vindos da Europa. Em suma: o que deixara de gastar em negros, a elite passa a gastar, como observa Alencastro, na importação de pianos para abrilhantar e conferir um toque europeu aos salões – pianos que, na cidade e nas fazendas, eram transportados, evidentemente, (como ainda hoje) no lombo dos negros.

O Rio do segundo Império, onde circulam Rubião, Palha, Camacho e Sofia, estava se sofisticando da porta das casas para dentro, o que deu ocasião ao comentário do francês Charles Expilly:

> O Rio possui hoje um teatro lírico [...], suas ruas são iluminadas a gás e há um piano em cada casa. É verdade que o piano está situado em meio a uma praça infecta, [...] que as ruas, sem passeios, são mal calçadas e de pedra bruta e que, afinal, nos pianos [...] não se tocam senão músicas de dança, romanças e polcas. (p. 48)

Como, porém, nota Alencastro, a cultura musical brasileira já estava pautada pelos instrumentos e ritmos herdados da longa presença dos africanos entre nós.

> Nessas circunstâncias, na ausência de uma cultura musical europeia, como impedir que

os ritmos e os sons africanos, afro-brasileiros,
subvertessem as festas religiosas, civis e sociais? [...] A música e a dança afro brasileiras
resultavam de uma prática social, de uma ca-
dência sonora que compassava os trabalhos,
os serões, o transporte de gente e de carga, o
refluxo do choro, a sublimação da dor, o tédio
da espera ao abrigo da chuva, o embalo dos
bebês, a viagem para o Além. A onipresença
dos ritmos afro brasileiros derivava da onipresença da escravidão. (p. 45)

Presença marcante, mas não reconhecida.

Vale lembrar outra figura bovarista da obra machadiana: o pianista Pestana, protagonista do conto
"Um homem célebre", de 1896. Pestana era um músico frustrado porque, embora pretendesse pertencer à
estirpe de Mozart e Beethoven, sua fama em sociedade devia-se a seu talento para tocar e compor polcas
e maxixes. O "caso Pestana", segundo José Miguel Wisnik,[13] "faz pensar também na existência, na obra de
Machado, de um verdadeiro *complexo de Pestana*" (p.
30) – que não é outro senão a fantasia de ser um outro
músico, tocando para outra plateia, em outra sociedade que não a brasileira. No conto "Um homem céle-

13 José Miguel Wisnik, "Machado Maxixe", in *Sem receita – Ensaios e canções*, São Paulo, Publifolha, 2004.

bre", como em toda a obra machadiana, a presença do escravo não é diretamente criticada ou denunciada. Mas esta presença, *já infiltrada na cultura nacional*, faz fracassar a pretensão de Pestana de tornar-se um outro, isto é: um músico europeu. A influência negra ressurge sempre, à maneira do retorno do recalcado freudiano, a cada vez que os elegantes freqüentadores dos salões insistem para que Pestana toque, não uma sonata, mas uma polca – ritmo europeu que, apropriado pelo batuque africano, formou o maxixe.

Wisnik retoma a cena em que Pestana dispensa, distraído, o escravo que vem lhe servir café, para dedicar-se a estudar suas partituras de Mozart e Haydn. A rápida passagem realista revela "o cultivo ambicioso de arte burguesa e o escravismo cotidiano" (p. 58). A elite brasileira tem vergonha das origens multirraciais, da herança negra que atravessa toda a cultura popular – mas não de suas práticas racistas e escravistas.

Roberto Schwarz observa também que no final do século XIX a vizinhança da escravidão desmoralizava o trabalho livre. A ética do trabalho (pilar da ideologia burguesa) sempre foi desacreditada entre nós. A situação dos pobres, em Machado de Assis, é desalentadora. Em *Brás Cubas* o destino funesto dos remediados revela que a elite "não deve nada a quem trabalhou, mas quem não trabalhou não tem direito a nada (salvo à reprovação moral). Segundo a conveniência, valem a norma burguesa ou o desprezo a ela".[14] "Passados os anos, é notório que o fim do cativeiro não transformou os escravos e dependentes em cidadãos, e que a tônica do processo [...] esteve na articulação de modos precários de assalariamento, com as antigas relações de propriedade e mando, *que entravam na nova era sem grandes abalos*".[15]

Assim se formou um tecido social cuja possibilidade de inserção dependia de favores, caridades arbitrárias, proteção "caprichosa" a alguns agregados, privilégios, tramoias, "supremacias" obtidas de empréstimo. A possibilidade real, nas economias capitalistas, de superar a origem de classe e tornar-se um outro por meio de trabalho e acumulação foi amesquinhada no Brasil por efeito da desvalorização do trabalho livre. Só a pose, a farsa, a subserviência ou o domínio do *semblant* oferecem a alguns poucos homens livres a possibilidade de inserir-se – daí nossa aposta na malandragem como forma de ascensão social, tão finamente apontada por Antonio Candido.[16] Aqui, o

14 R. Schwarz, *Um mestre...*, op. cit., p. 105.
15 *Idem, ibidem*, p. 226, grifo meu.
16 Antonio Candido, "Dialética da malandragem", *Revista do IEB*, São Paulo, n. 8, 1970.

bovarista bem-sucedido não é o trabalhador, nem o romântico: é o malandro.

O interesse pelos cargos públicos não tem nenhuma relação com a responsabilidade pública de quem pretende ocupá-los. Rubião, entediado com a vida no Rio de Janeiro, assistia às sessões do júri ou da Câmara dos Deputados para matar o tempo. Mais tarde, o amigo Camacho convence-o a candidatar-se a deputado. Mas ele sonha com outro tipo de exibição pública. No capítulo LXXXI, mesmo sem ter uma noiva em perspectiva, perde longo tempo a imaginar o fausto de uma futura festa de casamento, a planejar se iria de coche ou de coupé, com cocheiro fardado de ouro, condes e condessas entre os convidados. A trajetória à deriva de Rubião lembra a de Fréderic, com a diferença de que este chega a Paris com grandes planos, que vai adiando enquanto gasta, a esmo, o dinheiro da mãe – em pleno ano de 1848, quando as paixões políticas abalavam a cidade. Já Rubião não tem projeto nenhum além de seu pequeno arrivismo, ao chegar de Barbacena a uma capital onde as paixões privadas substituíam qualquer interesse pela vida pública.

Nas últimas obras de Machado de Assis – *Esaú e Jacó*, *Memorial de Aires* – a abolição e a república não alteram em nada as relações de classe montadas no período anterior. A emancipação (das ideias) redunda sempre em novas formas de licença para justificar a exploração pré-moderna do trabalho. As elites brasileiras sempre conseguiram se arranjar para evitar o trauma de uma ruptura radical com seu sistema de abusos cordiais e privilégios consentidos. Daí o conto da carochinha de que nossa história escreveu-se "sem derramamento de sangue", outra forma de expressão do ponto de vista de quem tem nas mãos o cabo do chicote: *sem derramamento de qual sangue?* Pois o preço de nossa história sem rupturas é o trauma cotidiano da violência silenciosa (hoje, nem tanto) das nossas relações de dominação e exclusão que até hoje mantém os privilégios estabelecidos (não propriamente conquistados) nos períodos anteriores.

O humor como recurso de crítica social

Por fim, trago uma questão de interesse da psicanálise: será o humor, tão magistralmente empregado por Machado de Assis, um instrumento inquestionável da crítica? A ironia, que desvela a hipocrisia dos costumes e verdades estabelecidas pelo manejo ambíguo da palavra, conseguiria sempre revelar ao leitor o escândalo capaz de abalar o conforto psíquico das *ideias feitas*?

Para Freud,[17] o humor é inseparável de um certo inconformismo contra as imposições da "dura realidade da vida". O recurso do humor possibilita o triunfo do eu sobre as grandes adversidades da vida. Seria, do ponto de vista do sujeito desamparado e submetido a forças muito superiores à sua, uma forma de abordar o trauma a partir de uma distância segura. Segura para o *eu*, mas não necessariamente para o indivíduo: a piada que ilustra o texto freudiano sobre o humor é a do prisioneiro condenado à morte em uma segunda feira que comenta: "bela maneira de começar a semana!". Neste comentário irônico o *eu* criativo triunfa, pelo uso da linguagem, sobre a destruição *real* do indivíduo. O corpo morre, o chiste permanece.

A investigação freudiana conclui que o que possibilita o uso do humor em situações de extrema adversidade seria uma espécie de *cisão do eu*, que permite que o supereu se destaque do eu que sofre e encare seu fracasso de forma benigna, como um pai compreensivo que sorri diante das trapalhadas e tropeços da criança. Vale lembrar que as cisões do *eu* são mecanismos de defesa característicos das estruturas perversas, que Freud chegou a cogitar serem mais bem sucedidas para enfrentar os conflitos entre o desejo e a realidade do que a neurose e a psicose.[18]

17 Sigmund Freud, "O humor" (1927), in *Obras completas,v. III*, Madrid, Biblioteca Nueva, 1977, p 2997-3000.

Freud valorizou o humor como triunfo simbólico sobre as situações de opressão, onde ao sujeito impotente diante do mais forte só resta a onipotência da imaginação. Mas vale ressaltar que esta forma de ironia tem uma origem e um destino diferentes das do humor que visa a produzir uma cumplicidade na abjeção. A cisão do *eu* que se produz no segundo caso favorece o conformismo. O mesmo riso que representa o triunfo do *eu* na adversidade representa a licença cínica nos casos em que o sujeito se beneficia da condição tragicômica que o dito irônico denuncia.

Tomemos o exemplo dos brasileiros que procuram rir das mazelas nacionais comentando, cúmplices, que "este não é um país sério": se o primeiro efeito pode ser o de despertar a consciência nacional para nossas feridas sociais, o hábito do riso não produziria a insensibilização? Uma elite que ri de si mesma, assim como da miséria que a manutenção de seus privilégios produz, não corre o risco de evitar a responsabilidade pelo trauma a partir de uma posição cínica? Neste caso não é Machado de Assis e sim Nelson Rodrigues quem exibe o malabarismo licencioso do humor cínico brasileiro. Em *Bonitinha, mas ordinária,* a

18 Idem, "A perda da realidade na neurose e na psicose" (1924), in *Obras completas,* op. cit., v. III, p 2745-7.

famosa "frase do Otto" (Lara Rezende), *o mineiro só é solidário no câncer*, parece ao ingênuo Edgar de um imenso potencial corrosivo. Ele espalha a piada entre os amigos milionários de seu futuro sogro na esperança de confrontá-los com a própria mesquinharia, mas fica chocado ao perceber que o esperado potencial crítico da *boutade* foi absorvido rapidamente pelos freqüentadores do clube de tênis, que logo passam a cumprimentar-se, às gargalhadas, com um: "como vai, mineiro?". Ou seja: o riso terá um sentido diferente a depender do ponto de vista daquele que ri em relação ao chicote. Há uma diferença entre o humor do ponto de vista de quem recebe lambadas nas costas e ainda assim é capaz do "triunfo narcísico sobre as adversidades", e o humor satisfeito de quem tem o cabo do chicote nas mãos.

Cabe perguntar que tipo de cisão do *eu* permite que o brasileiro ria das feridas sociais do país em que vive, como se estivesse sempre do lado de quem segura o cabo do chicote – como se não percebesse as lambadas e a humilhação que *também* o atingem. Será o nosso bovarismo social efeito de uma identificação com o opressor, não em suas características avançadas (em termos de valores republicanos, lutas igualitárias etc.), mas sim como arremedo das aparências da civilização, conciliadas com a manutenção da versão contemporânea do escravismo em uma sociedade que continua criminosamente desigual?

A recepção de uma obra de arte varia na medida em que a sociedade se adapta ao impacto inicial que ela causou. Flaubert não conseguiu impedir que o escândalo inicial de *Madame Bovary* fosse diluído mediante sucessivas leituras, até o estabelecimento de uma certa recepção romanesca do livro entre mocinhas ávidas por histórias de amor. Entre nós eu me pergunto se o riso que permite suportar o trauma não terá mudado de função, desde Machado de Assis, servindo no presente à acomodação das consciências ante a manutenção das condições sociais traumáticas que o escritor expôs com tanta agudeza. Neste caso o manejo irônico da ambigüidade que possibilita o humor pode ter se deslocado até produzir outra forma de cisão do *eu*: a denegação perversa. A recepção da obra de Machado, assim como, aliás, da dramaturgia de Nelson Rodrigues, também varia de acordo com a posição do leitor em relação ao cabo do chicote. A depender das conveniências do momento, também podemos nos acostumar alegremente com as diversas versões da "frase do Otto" enquanto nos eximimos da responsabilidade e continuamos a nos beneficiar da dominação cordial, das práticas de licença e supremacia, dos pactos sociais de conveniência.

caDERNOS ulTRaMaRes

9 786586 962390